인문학의 성찰이 없는
경제학은 허망하다

인문학의 성찰이 없는
경제학은 허망하다

초판 1쇄 인쇄일 2015년 7월 27일
초판 1쇄 발행일 2015년 7월 30일

지은이 심영섭
펴낸이 양옥매
디자인 이윤경
교 정 임수연

펴낸곳 도서출판 책과나무
출판등록 제2012-000376
주소 서울특별시 마포구 월드컵북로 44길 37 천지빌딩 3층
대표전화 02.372.1537 팩스 02.372.1538
이메일 booknamu2007@naver.com
홈페이지 www.booknamu.com
ISBN 979-11-5776-067-1(03070)

이 도서의 국립중앙도서관 출판시도서목록(CIP)은 서지정보유통지원 시스템
홈페이지(http://seoji.nl.go.kr)와 국가자료공동목록시스템
(http://www.nl.go.kr/kolisnet)에서 이용하실 수 있습니다.
(CIP제어번호 : CIP2015020724)

*저작권법에 의해 보호를 받는 저작물이므로 저자와 출판사의 동의 없이 내용의 일부를
 인용하거나 발췌하는 것을 금합니다.
*파손된 책은 구입처에서 교환해 드립니다.

인문학의 성찰이 없는
경제학은 허망하다

심영섭 칼럼집

책나무

···

저자 심영섭은……

1954년 12월 전주에서 태어났다. 전쟁이 끝난 직후 어렵고 척박
하던 시절 부모님께서 잘 길러주시고 교육시켜 주신데 대해 깊이 감
사한다. 그는 특히 어린 시절 또래나 형제들에 비해 조금 뒤처져 있
을 때에도 차별을 두지 않고 똑같이 사랑과 관심을 베풀어주신 부모
님의 은혜를 결코 잊지 않는다.

그는 전주고등학교를 졸업하고, 1972년 고려대학교에 진학해 경
제학을 전공하였다. 학창 시절 독서토론 서클인 호박회(虎博會) 활
동을 통해 통섭(通攝)의 의미를 조금씩 터득하기 시작하였다. 대학
졸업 후 외환은행에 잠시 근무하다 대학원에 진학하였다.

해군 장교로 임관하여 4년간 복무하고 대위로 전역하였다. 그는

해군 생활이 나름대로 문무(文武)를 겸비할 좋은 기회였다고 회상한다. 그가 아내를 만난 것도 해군 장교 시절의 일이었으니, 그에게서 해군 생활은 일생일대의 대사건임에 틀림없다.

프랑스에 유학하여 Grenoble대학교에서 경제학박사 학위를 취득하였다. 대학 시절부터 주류경제학의 고장인 미국보다는 시장 못지않게 인간 그 자체를 중시하는 학풍을 지닌, 그래서 좀 더 인간적인 경제학을 지향하는 프랑스에서 수학하기를 꿈꾸었고, 마침내 이루었다.

1982년부터 산업연구원(KIET)에서 연구자의 길을 걸어왔다. 무역·통상, 개발협력, 경쟁정책, 규제개혁, 산업 융합 등 다양한 분야에서 연구를 수행하였고, 산업연구원 부원장을 역임하였다. 조직의 일원인 동시에 연구자 개인의 창의성을 발휘할 수 있는 직업이라는 점에서 그는 '자신의 삶을 살았다'는 자부심을 느낀다.

대통령 직속 규제개혁위원회 위원, 산업융합촉진 옴부즈맨, 민주평화통일자문위원, 교육혁신위원회 자문위원, 외교통상부 통상교섭자문위원, 공정거래위원회 경쟁정책자문위원, 산업통상자원부 정책자문위원 등으로도 활동하였다. 2010년에 국민훈장 동백장을 수훈하였다. 그는 현재 한국공학한림원 정회원으로 활동하고 있다.

굳이 칼럼집을 펴내는
까닭은?

저는 운이 좋은 사람입니다. 그동안 언론을 비롯한 다양한 매체에 폭넓은 주제로 글을 실을 기회를 가졌던 것입니다. 처음부터 염두에 둔 것은 아니었지만, 어느 날 문득 칼럼집을 엮어보는 것도 나름대로 뜻 깊은 일이라는 생각이 들었습니다. 그 이유는 크게 두 가지입니다.

지난 20여 년간 써 온 칼럼은 제가 무엇을 생각하고 고민했는지를 잘 드러내는 자료가 될 만하다는 생각입니다. 이것이 그 첫 번째 이유입니다. 제가 살면서 꾸준히 일기를 써 온 것도 아니고, 그렇다고 자서전을 쓸 만한 인물도 못되니 고민이 되었던 게 사실입니다. 어떻게 하면 이 세상에 '점 하나'를 남길까 궁리하던 차에 칼럼집을 발간하는 것도 좋은 방안이라는 생각이 들었습니다.

경제학을 전공한 사람으로서 회한(悔恨)이 컸다는 게 두 번째 이유입니다. 요즈음 경제학자들은 자기완결성이 강해서 좀처럼 다른 학문과 소통하려 하지 않습니다. 그러나 통섭(通攝)이 강조되는 시대에 이것은 독(毒)이 되기도 합니다. 경제학 전공자들은 정교한 방법론을 구사하는 기능적 분석에 익숙합니다. 대체로 경제학자들은 분석을 아주 잘합니다. 그런데도 칭찬보다는 분석만 잘한다는 비아냥거림을 받기 일쑤라는 게 문제입니다.

경제학의 가장 중요한 목적 가운데 하나가 예측입니다만, 요즈음 경제학자들의 예측을 진지하게 받아들이는 사람은 그리 많지 않습니다. 경제학자 대부분이 기능적인 전문가일 뿐, 세상을 내다보는 통찰력(insight)은 신통치 않기 때문입니다. 원로 경제학자인 조순 선생은 지난 해 언론 인터뷰에서 "경제학이 있으나마나 사회는 잘 돌아간다"는 자조 섞인 말씀으로 개탄했다 합니다. 세상을 해석하는 경제학의 능력이 떨어졌다는 뜻이겠지요. 제가 칼럼집의 제목을 다소 도발적인지만 '인문학의 성찰이 없는 경제학은 허망하다'라고 정한 이유이기도 합니다. 경제학 지식은 단지 필요조건일 뿐 충분조건이 되지 못한다는 점을 깨달은 것입니다.

갑오년에 태어난 제가 작년에 다시 갑오년을 맞이하였습니다.

격동의 한 시대를 살아온 셈입니다. 지나온 길에서는 사회의 대변동을 목격하였고, 다가오는 길목에는 또 다른 격변의 시기가 기다립니다. 바로 이 시점에 그동안 써 온 글들을 모아 칼럼집을 펴내게 되어 행복하게 생각합니다. 그리고 저는 이 책의 발간을 계기로 제 인생의 전환점을 마련하고자 합니다.

지금까지는 제가 경제학자로서 사회적 지위를 확보하고 그 영향력을 강화하기 위해 살아왔습니다. 그러나 앞으로는 인간적 지위를 성찰하며 살고 싶습니다. 인간의 권리를 찾는다는 의미가 아닙니다. 자연의 일원으로서 인간이 어떠한 모습으로 살아야 하는가를 탐구하고 싶다는 뜻입니다.

그런 의미에서 이 칼럼집은 새로운 출발점의 디딤돌이 아닙니다. 발간된 칼럼집을 서재에 쌓아둘 것이 아니라, 이것은 이것대로 정리해서 시렁 위에 올려놓고자 합니다. 그리고 천화(遷化)하는 마음으로 회향(回向)하려 합니다. 이것이 제가 칼럼집을 펴내고자 하는 진정한 이유입니다.

저의 못난 글을 기꺼이 읽어주신다면 더 할 나위 없이 행복할 것입니다. 이 책이 나올 수 있도록 격려를 아끼지 않고 헌신해 준 아

내와 가족들에게 감사한 마음입니다. 따뜻한 마음으로 칼럼집의 출
간을 도맡아준 '책과나무'의 대표님께도 감사드립니다. 그밖에 도움
을 주신 많은 분들께 감사의 인사를 드립니다.

2015년 7월

심영섭

I. 사회문화를 탐구하다

한국 사회에 대한 성찰

시적 상상력을 발휘하다

Ⅱ. 경제를 보는 눈

한국 경제의 바탕을 찾아서

세계와 소통하는 한국 경제

발전을 위한 생각들

부록

시(詩)를 써 보다

I. 사회문화를
탐구하다

한국 사회에
대한 성찰

은근과 끈기

국문학자인 조윤제 선생은 일찍이 한국인의 특질에 천착하였다. 오랜 역사와 전통 속에서 살아 온 한국 사람에게 기질적으로 특질이 없을 리 없다는 게 생각의 출발점이었다. 지금 같았으면 다문화사회로 가는 시대라 어려울 수도 있었겠지만, 선생이 글을 쓰시던 시절에는 단일민족 의식이 강했기 때문에 민족적 특질을 잡아내기가 수월했을 것이다.

조윤제 선생은 한국인의 특질을 '은근과 끈기'라고 규정하였다. 우리의 문학과 예술 곳곳에 담긴 정서가 이러한 기질을 방증한다고 열거하기도 하였다. 고등학교 교과서에 실렸던 선생의 글은 학창 시절을 생각할 때 떠오르는 명문장 중의 하나였다. 글 자체도 좋았지만 그만큼 공명이 컸고 공감대가 넓었다.

문제는 그 이후의 일이다. 한결같이 '은근과 끈기'로만 비치던 한국인의 특질이 언제부턴가 '빨리빨리'의 문화로 바뀌고 있다는 걸 느끼게 된 것이다. 이미 그렇게 변해버린 사회에 익숙해져서 이젠 새삼스러운 일도 아니다. 외국에서도 한국 사회를 '빨리빨리'의 문화라고 규정짓곤 한다. 심지어는 이러한 사회문화적 배경에서 오늘날 한국이 정보통신 강국으로 발돋움할 수 있었다고 부러워하기도 한다.

간난(艱難)의 질곡에서 벗어나지 못하던 시절, 오랜 전통이 지배하던 시절, 사회의 변화와 발전이 더디던 시절에 한국인들은 말 그대로 '은근하고 끈질긴' 삶의 역사를 일구며 살아왔는지도 모른다. 살기 위한 몸부림은 억척스러웠을지 몰라도 그 심성과 정서만큼은 은근하고 애잔했다. 민초들의 삶이 드러나기 마련인 대중문화의 코드 역시 은은하고도 여운 있는 정취를 담아내곤 했었다. 파란만장했지만 질기디 질긴 삶의 굽이굽이가 면면하게 이어지던 시절의 이야기이다.

그러나 세상이 빠르게 변하고 빠른 성취를 이룬 사람들이 주위에서 돋보이기 시작하면서 또 다른 본색이 드러났다. 생활 속 곳곳에서 발견되던 은근하고 끈질기던 기질은 어디론가 사라지고, 한국인들의 삶은 서두르며 쫓아가기에 바쁜 일상 속으로 파묻혀버리고 말았다.

요즈음 올레길을 걷는 모습이나 일부러 슬로시티를 찾아가는 사람들을 종종 보게 되는데, 그들조차도 '은근과 끈기'의 저력을 보여주기보다는 '빨리빨리'에서 잠시 벗어나 속도를 늦출 뿐이라는 생각이 든다. 여유로움을 되찾고 느려터지고만 싶은 마음이 간절하다 하여도, 슬로라이프는 이제 상품처럼 구매해야 하는 하나의 아이템이 되어버렸다. 몸이 어디에 처해 있든지 간에 마음과 생각은 늘 어지럽게 움직이고 있기 마련이어서 좀처럼 은근해지질 않는다. 끈질기게 기다리기보다는 빨리 성취하고픈 마음에서도 좀체 벗어나지 못하고 있다. 대중문화의 코드도 직설법의 표현들이 은유나 은근한 서정을 압도한다.

오랜 세월을 은근과 끈기로 버티던 한국인의 기질은 어느새 뜨겁게 달궈지다 쉽게 식어버리는 냄비근성 기질로 바뀌고 말았다. 냄비근성은 '빨리빨리' 문화의 한 단면인데, 그 연장선상에는 '유별나게 강한 쏠림'이라는 또 다른 특질이 자리를 잡고 있다. 유행하는 명품으로 한순간에 세상을 덮어버리는 현상도 이젠 낯선 풍경이 아니다.

그렇다면 진정 한국인의 특질은 무엇일까? 더 나아가 한국인에게 내재된 원형기질, 즉 한국인의 DNA는 과연 무엇인가?

프랑스 출신의 문화비평가인 기 소르만(Guy Sorman)은 외래 문화의 유입으로 오늘날의 한국인은 과거와 다른 한국인이 되었지만, 그럼에도 한국인은 여전히 한국인이라고 규정한다. 한국인인 나 자신도 바로 그러한 한국인들의 속내를 더 알고 싶다. 그냥 속내가 아니라 내면 깊숙한 곳에서 작용하면서 한국 사회구성원들의 사고와 행동을 총체적으로 지배하는 원형기질을 더 알고 싶다. '은근과 끈기'의 한국인이 본 모습인지, '빨리빨리'의 문화가 한 시대의 일시적인 현상인지, 그것도 아니면 또 다른 특질을 지닌 한국인인지, 궁금하기 이를 데 없다.

(2011년)

인문학의 성찰이 없는 경제학은 허망하다

열린 사회 닫힌 사회

요즘 우리 사회에서 안철수 신드롬이 대단하다. 불과 얼마 전까지만 해도 한 분야의 전문가로 조용하고 착실한 이미지를 쌓아온 안철수 교수가 사회 전반에 큰 회오리를 몰고 온 것이다. 정치권이나 언론은 물론이고 사회 전체가 마치 망치로 뒤통수를 얻어맞은 것처럼 얼얼해 하고 있다. 도대체 이런 일이 무엇 때문에 생겼으며, 앞으로 어떻게 전개될 것인가에 온통 관심이 집중되는 듯하다.

그러나 여기에서 한 가지 간과할 수 없는 사실이 있다. 그것은 안철수 신드롬이 우리 사회가 그동안 유지해 온 시스템 안에서 전개되지 않았다는 점이다. 제도권 안에서 정상적인 절차에 따르기보다는 오히려 비정상적인 방식에 의해 표출된 것이다. 그럼에도 그 파급력이 대단하다는 현실이 충격적이다. 게다가 안철수 신드롬의 빌미를 제공한 것이 바로 제도권이었다는 점은 더욱 충격적이다. 그만큼 우리가 살고 있는 사회가 열린 사회가 아닌 닫힌 사회라는 방증일 수도 있다.

그렇다면 차제에 우리 사회는 과연 어떠한 사회인가를 되돌아보는 것이 안철수 신드롬 그 자체만큼이나 중요한 관심사가 아닐 수 없다.

우리는 유난히도 명분에 집착하는 사회에 살고 있다. 유교 문화의 정명론적(正名論的)인 해석에 따르면, 이러한 사회의 구성원들은 명분(名)을 먼저 앞세우고 행동(正)으로 이를 뒤따르는 경향이 강하다고 한다.

문제는 명분을 앞세우는 사회는 일반적으로 의식이 열린 사회이기보다 닫힌 사회인 경우가 더 많다는 점이다. 이러한 사회는 이미 세워진 명분을 존중하고, 기존의 질서와 가치관에 편승해서 행동하려는 성향이 강하다. 반면에 새로운 명분과 질서가 스며들 여지를

인문학의 성찰이 없는 경제학은 허망하다

남겨두지 않으려 한다. 일단 세워진 명분에 집착하는 사회에서는 현재의 질서에 대한 도전을 금기시하기 마련이다. 기존 질서에 대한 공개적 항의나 변화를 용인하지 않기 때문에 변화를 추구하자면 과격한 수단이나 비정상적 절차가 동원될 수밖에 없다는 논리가 성립하는 빌미를 제공하기도 한다.

좀 더 성찰해 보면 우리 사회가 '다름'에 대한 배려나 '차이'에 대한 인내가 부족한 것을 알 수 있다. 한마디로 다양성을 수용하는 너그러움이 부족한 사회다. 한 가지 정서나 가치에 집중하면 다른 것은 배척하려 들기 때문에 다양한 의견이 실종되고 획일성만 재생산된다. 낡은 틀 안에 갇힌 사회에서 기존의 틀을 떨치고 나가려면 정상적인 절차와 방식에만 의존할 수 없다는 논리가 정당화되곤 한다.

싱가포르에서는 일찍부터 기존 틀을 벗어나 생각하는 사회를 만들자는 운동이 한창이라고 한다. 작지만 강한 싱가포르를 유지하려면 언제나 탁월함이 뒷받침되어야 하는데, 바로 이 탁월함을 위해서는 틀을 벗어나 생각하는 이른바 'Think Out of Box' 훈련이 필요하다는 것이다.

닫힌 사회는 '이것 아니면 저것'이라는 극단주의적인 사고가 지배하는 사회다. 내 편 아니면 네 편으로 가르는 이러한 이분법적인 사고는 편협함과 배타성이 강하다. 그러다 보니 다수가 수긍하고 받아들이는 중도를 찾으려는 노력에는 무관심하다. 오히려 자신이 옳다고 믿는 것에 대해서 맹목적인 지지를 보내는 집단편집증이 강하다. 이러한 사회문화적인 특성은 구성원들로 하여금 스스로를 어떤 틀에 옭아매게끔 구속하기 마련이다. 자승자박인 셈이다.

그 속성상 이러한 사회는 변화와 개혁을 싫어할 뿐만 아니라 패러다임의 변화를 쉽게 받아들이지 못한다. 지금 제도권 밖에서 꿈틀거리는 거대한 변화의 욕구도 따지고 보면 이러한 닫힌 사회의 속성과 무관하지 않다.

그렇다면 열린 사회의 구현이야말로 우리 앞에 놓인 당면 과제가 아닌가. 우리 사회가 새로운 패러다임을 이끌어갈 인물을 갈구하는 것도 절실하지만, 그것이 가능하도록 하는 시스템을 구축하는 일이 더 절박하다는 의미이다. 틀에 박힌 사고에서 벗어나 열린 사회를 구현하려고 몸부림치는 싱가포르 국민들의 노력이 남의 일처럼 보이지 않는다.

(2011년)

　　　　　　　인문학의 성찰이 없는 경제학은 허망하다

쏠림의 정치경제학

어느새 아침저녁으로 서늘한 바람이 인다. 가을이 오는 길목이다. 계절이 바뀔 때면 여인들의 옷차림이 먼저 바뀌곤 한다. 여인들의 옷차림새가 계절의 전령사인 셈이다. 그런데 신기한 일은 얼마 지나지 않아 여인들 사이에서 어떤 옷이 유행할 것인지 드러나고 만다는 것이다. 그 덕분에 시류에 둔감한 나도 새로운 시즌의 유행을 금방 알아차리곤 한다. 계절의 끝자락에 가서야 유행하는 패션을 알아차리던 외국 생활의 경험과는 비교가 된다.

개개인이 표현하는 독창성이 어우러져 큰 트렌드를 형성해 나가는 사회에서는 자칫 유행의 흐름을 감지하지 못하고 지나칠 때도 있다. 이태리나 프랑스가 패션 선진국의 명성을 얻은 데에는 다 이유가 있다. 이들은 모두 독창성을 기반으로 한 다양함의 저력을 지니고 있기 때문이다. 한마디로 유행 속에서도 개성을 찾는 사회라고나 할까. 남의 것을 모방하기보다 각자의 개성을 표현할 줄 알기에 그 명성이 오래 유지되는 것이리라.

유행은 어느 사회나 있기 마련이지만, 한국 사회는 좀 유별스럽다. 유난히도 유행에 민감한 사회에 살고 있는 것이다. 길거리 곳곳에서 비슷비슷한 옷차림을 한 여인들의 모습을 자주 만나게 된다. 옷차림뿐만이 아니다. 들고 있는 핸드백도 낯익은 브랜드 일색이다. 오죽하면 '3초 백'이라는 용어가 탄생했을까. 유행하는 브랜드의 핸드백을 3초에 한 번씩 만날 수 있다 해서 '3초 백'이라 했다는데, 전철을 타면 좌석에 나란히 앉은 일곱 명 가운데 서너 명이 같은 브랜드의 핸드백을 들고 있는 경우를 목격할 때도 있다. 명품의 유니폼화인 셈이다. 창조적으로 트렌드를 만들어 나가기보다 유행을 좇는 경향이 강한 사회이다 보니 생겨난 현상이다. '한국은 마치 한 가족이 움직이는 사회와 같다.'고 지적하는 외국인도 있다. 몰개성의 극치를 보는 듯 하여 민망함을 느낄 때가 한두 번이 아니다.

유행에 민감한 사회는 쏠림이 강한 사회이기도 하다. 남을 따라 하고픈 동조적 욕구(conformity)가 남들과 다르고 싶은 개성적 욕구(originality)를 압도하는 데서 오는 현상이다. 우리 사회가 다양성이 부족하고 다양성을 수용할 태세가 부족하다는 방증이기도 하다. 유행 따라 사는 것도 제멋이라지만, 유행의 물결을 속절없이 따라가기만 하는 사회는 다분히 맹목적이라 할 수 있다.

　유행에 대한 집착과 강한 쏠림은 문화적 집단주의의 한 단면이다. 무엇이 옳고 무엇이 그른지 따지려 들지 않고, 그저 믿고 싶은 대로 믿고 그대로 행동하려는 경향에서 출발한 현상이다. 이른바 집단 심리에 의한 떼거리 행동을 말한다. 집단 내 다수로부터 무언의 압력을 느껴 자신의 선택을 결정하거나, 사회 집단의 분위기에 자신을 맞추어 동조해 나가는 수동적인 자세가 바로 그것이다. 우리 사회에서 유별나게 나타나는 유행의 빠른 확산 현상도 따지고 보면 무리에서 떨어지는 것을 싫어하는 심리가 작용한 것이리라.

　인터넷을 통한 감성적 집단주의 현상인 '디지털 마오이즘'도 그러한 단면이다. 이를 두고 집단의 흐름에 편승해야만 자신의 온전함이 확인되는 걸 느끼는 거라고 말하면 지나친 표현일까. 몇 년 전 이야기인데, 천만 관객이 몰리던 영화 '괴물'을 안보면 '괴물'이라는 말이

회자되기도 하였다. 그만큼 우리는 소수보다 다수의 무리 속에 속하
고 싶어 하는 속성을 드러내는 사회를 살아가고 있는 것이다.

　그렇다고 해서 항상 부정적인 측면만 있는 것은 아니다. 공동의 무
의식에 녹아있는 집단적 신바람 기질이 제대로 작용하면 엄청난 힘
을 발휘할 때도 있다. 20세기 초반에 전개된 국채보상운동, 3·1 만
세운동, 외환위기 당시의 금 모으기 운동, 2002년 월드컵 응원 열
기, 태안 앞바다 오염 제거를 위한 봉사활동 대열 등은 바로 신바람
기질이 긍정의 힘으로 승화된 사례들이다. 그렇다면 우리 사회의
이러한 특성을 저력으로 이끌어낼 만한 에너지의 근원은 어디에서
찾을 것인가. 바로 그것이 문제로다.

(2011년)

　　　　　　　　　인문학의 성찰이 없는 경제학은 허망하다

명분에 유난히 집착하는
사회

　영화 '왕의 남자'의 주인공으로 나오는 '공길'이란 광대는 연산군 시대를 살던 실존 인물이다. 《조선왕조실록》에 따르면, 천출인 공길이가 연산군 앞에서 '늙은 선비놀이'를 하던 중 "임금이 임금다우면 신하가 신하다울 터인데, 임금이 임금답지 않으니 신하가 신하답지 못하다."라고 말하니, 그 말을 들은 임금이 불경하다 하여 공길이를 곤장 쳐서 먼 곳으로 유배하였다는 기록이 있다.

　공길의 대사는 《논어》의 〈안연편(顔淵編)〉에 실린 '君君 臣臣 父父 子子', 즉, 임금은 임금다워야 하고, 신하는 신하다워야 하며, 아비는 아비다워야 하고, 자식은 자식다워야 한다는 구절에서 연원한다. 모름지기 사람은 자기가 무엇인지를 알고 그 무엇에 걸맞은 말과 행동을 해야 한다는 뜻이다.

이름과 명분을 바로 잡는다는 이른바 정명(正名)의 해석이다. 정명론적인 해석도 해석이거니와, 이같이 심오한 뜻을 지닌 구절을 천출인 광대가 인용했다는 사실은 주목할 만하다. 선비들뿐 아니라 하층의 일반 백성에게도 정명은 사회구성원을 지배하는 하나의 코드였을 것이라는 생각에서다. 비단 공길이 살았던 그 시대뿐이랴.

의식적이건 무의식적이건 유교적 전통이 지배하는 사회에서는 명분을 중시한다. 그리고 행동으로 나타나는 실질(正)을 명분(名)과 일치시키기 위해 애를 쓴다. 이는 여전히 정명론적 해석이 유효하다는 의미이다. 확실히 우리 사회는 신념과 철학이 태도와 행동을 선제적으로 지배한다. 주위를 둘러보면 사람들의 행동을 지휘하는 정신 질서의 맨 윗자리에 명분이 자리 잡고 있음을 깨닫곤 한다.

정명의 행동양식에서는 행동보다 명분이 앞선다. 명분이 먼저 마음속에 뚜렷하게 자리 잡고 나서야 행동이 뒤따르기 마련이다. 일단 행동에 나서는 사람들은 나름대로의 대의명분을 지니고 있다고

인문학의 성찰이 없는 경제학은 허망하다

볼 수 있다. 사회적으로 바람직하거나 옳은 일이라는 것과는 별개로 행동에 나서게 하는 원동력으로서의 명분인 셈이다.

일단 명분이 세워지면 이를 따르는 행동은 강렬하다. 한국 사회의 유별스런 교육열, 외환위기당시의 금 모으기 운동, 2002년 한·일 월드컵 때의 응원 열기, 태안 앞바다 오염 제거에 몰린 자원봉사 활동 등이 그 대표적인 사례다. 유행의 쏠림 현상도 정명의 행동양식이 보여주는 또 다른 단면이다.

이러한 현상을 우리 경제발전 과정에 대입해 보면 재미있는 사실을 발견할 수 있다. 즉 시대를 지배하는 명분이 얼마나 자본주의 논리와 일치하는가에 따라 결과가 좌우되었다는 점이다.

1960년대 초반까지는 유교 문화를 경제개발의 장애요인이라고 여겼다. 우리 의식이 사농공상(士農工商)의 명분에 집착했을 때, 사람들은 공업과 상업을 천시하고 과학과 기술을 중시하지 않았다. 결코 게을러서 못살았던 것이 아니다. 군자는 곤궁함을 잘 견디어야 한다는 군자고궁(君子固窮)의 정신이 그 시대를 지배했던 탓이다.

1970, 80년대에는 우리나라를 비롯한 아시아 신흥공업국들이 부

상하기 시작하였다. 어떻게 이런 일이 가능했을까? 일을 해야 잘살 수 있고, 잘살아야만 사람대접도 받을 수 있다고 생각을 바꾸니 사정이 달라진 것이다. '사농공상' 인식의 일대 전환이라 할 수 있다. 한번 명분이 바뀌고 나니 엄청난 힘을 발휘하여 공업화와 수출입국을 실현하였다. 명분을 바꾸는 일이 어려웠을 뿐, 일단 마음을 바꾸니 유교 문화의 전통은 그야말로 한국 사회의 대변동을 이루어내는 촉진제가 되었다.

그러나 1990년대 후반에 엄습한 외환위기는 그 이전에 확립된 명분만으로는 한계에 봉착할 수밖에 없다는 인식을 가져 왔다. 돈을 벌어야 한다는 명분은 시스템을 생각하지 않은 채 행동이 앞선 발상일 뿐이라는 해석이 가능하다. 당시에는 경제 흐름이 제도적으로 원활하게 이루어지기보다 그때그때 가능한 방법을 동원해서 각 경제주체들이 이익(rent)을 추구하기에 급급하였다. 시장경제 시스템을 소홀히 한 탓에 종국에는 치명적인 현상들이 초래되고 만 것이다.

지금 우리는 패러다임을 바꾸기는 어렵지만 일단 바뀌면 걷잡을 수 없을 정도로 변화하는, 다소 유난스럽기는 하지만 역동적인 사회에 살고 있다. 요즘 치열하게 전개되는 복지 논쟁도 정명론에 입

인문학의 성찰이 없는 경제학은 허망하다

각해서 보면 명분 싸움의 한 단면이다. 정명의 행동양식은 아직도
우리 사회를 지배하는 코드임에 틀림없다.

(2011년)

.
.

불확실성 시대를
사는 지혜

우리는 지금 그 어느 때보다도 불확실한 시대를 살아가고 있다. 자연도, 사회도, 과학기술도 빠르게 변화하고 있는데, 장차 어떤 일이 또 벌어질지가 보이지 않는다. 세상은 나날이 변하지만, 변하는 모습의 결말이 어떻게 될지는 도무지 예측하기가 힘들다.

변화하는 모습들을 보면 온통 앞만 보고 치닫는 느낌이 든다. 변화 그 자체보다 더 큰 문제가 바로 이것이다. 옆으로는 조금도 눈길을 주지 않는다. 그러다 보니 변화의 의미와 가치를 되새겨 볼 새가 없다. 그저 변화의 속도에 뒤처질세라 사력을 다해 쫓아가기에 바쁘다.

인문학의 성찰이 없는 경제학은 허망하다

소셜네트워크서비스(SNS), 3차원(3D), 웹(Web) 2.0, 모바일, 내비게이션, 위치정보시스템(GPS) 등 하루가 다르게 새로운 기기들이 쏟아져 나오고 있는 것도 같은 현상이다. 글로벌이라는 단어가 풍미한 게 엊그제 같은데, 융합과 사이버, 디지털의 힘이 위력을 발휘하고 나서는 이마저도 무색해 보인다. 문제는 그 다음이다.

세상은 편리하고 풍요로워졌지만, 그렇다고 더 행복해졌느냐 하는 물음엔 선뜻 답을 하기가 어렵다. 우리가 살고 있는 21세기 초반의 불확실성은 혹시 풍요로움과 편리함을 추구하는 과정에서 배태된 것은 아닌지 성찰해 볼 필요가 있다.

올해 미국경제학회(AEA)의 화두는 윤리적인 문제다. 물질적 행복만으로는 인간 삶의 질을 높일 수 없다는 자성에서 비롯된 것이리라. 스탠포드 대학의 피터 클레노와 찰스 존스 교수가 발표한 바에 따르면, 우리나라는 소득에 비해 삶의 질 지수가 매우 낮은 나라 가운데 하나로 분류되어 있다. 즉, 한국의 1인당 국내총생산(GDP)은 미국의 경우를 100으로 했을 때 47.1인 반면, 웰빙지수는 그에 한참 못 미치는 29.7에 불과하다는 것이다.

우리는 지금 진정 행복한가, 행복지수는 더 높아지고 있는가 하는 물음을 계속 던져 볼 필요가 있다. GDP에 비해서 삶의 질이 낮다면 무언가 잘못되었다는 인식 전환이 필요하다.

사실 풍요로움과 편리함만이 우리가 삶에서 추구하는 목표의 전부가 될 수는 없다. 불확실성이 커지고 있는 상황에서 풍요로움과 편리함은 오히려 독이 될지도 모른다. 무엇보다도 이것이 가장 염려되는 부분이다.

그렇다면 불확실성 시대를 살아가는 지혜는 과연 무엇일까? 사람마다 다양한 의견이 있겠지만, 필자는 이를 두 가지로 제시해 보고 싶다.

하나는 기본에 충실해야 한다는 것이다. 무엇보다도 사람 그 자체, 자연 그 자체에 대한 본질을 성찰할 필요가 있다. 예를 들어 우리에게 편리함과 풍요로움을 가져다주는 디지털 혁명은 인간과 자연의 본질과 연계해서 볼 때 어떠한 의미가 있고, 어떠한 가치를 부여할 수 있는가를 성찰해 보자. 과연 디지털 기기들은 인간과 사회에 어떤 기여를 할 수 있고, 어떤 부작용을 가져올 수 있는가. 비단 과학기술자들뿐만 아니라 기기를 활용하는 사용자들도 같은 고민을 해 보아야 한다. 아날로그 사회를 체험하지 않고 디지털 기기에만

인문학의 성찰이 없는 경제학은 허망하다

익숙해진 세대에게는 어려운 과제일 수도 있다.

또 다른 하나는 과거의 역사보다 떠오르는 이슈(emerging issues)에 더 많은 관심을 가질 필요가 있다는 점이다. 물론 역사로부터 얻는 교훈을 소홀히 하라는 의미는 아니다. 그러나 지금 전개되는 사회적, 기술적, 국제적, 자연적 변화들은 미증유의 경험이다. 그만큼 불확실하고 예측하기가 어렵다. 역사적인 발전 과정이나 트렌드보다는 갓 떠오르는 이슈에 주목하는 것이 더 중요해지는 까닭이기도 하다. 뉴 노멀의 시대에는 새로운 시각으로 변화를 지켜보는 노력이 필요하다.

언제부턴가 '미래는 단순히 예측하는 것이 아니라 창조해 나가는 것이다'라는 말이 익숙하게 들린다. 문제는 미래를 창조해 나가는 과정이 인간의 행복과 얼마나 잘 연계될 수 있느냐 하는 것이다. 바로 이 점이 매우 불확실하다는 게 걱정이다. 21세기의 첫 십 년이 지나고 새로운 십 년을 맞이하는 이 시점에서 자칫 풍요로움과 편리함만을 추구하다가 정말 중요한 것을 상실하지는 않을까 하는 걱정이 드는 건 비단 필자만의 기우일까? 불확실성 시대를 사는 지혜를 다 함께 모아보도록 하자.

(2011년)

.
.

'조용한 혁명'을
떠올리는 까닭

1960년대 초 캐나다의 퀘벡 지방에서 '조용한 혁명'의 열기가 불타오르기 시작하였다. 프랑스계 주민들이 소수인의 불리함과 역경을 딛고 조용하지만 강인하게 자신들이 추구하는 가치를 지켜내려한 것이다.

사실 '조용한 혁명'의 배경은 제국주의 역사와 궤를 같이 한다. 그만큼 혁명의 유래가 꽤 오래된 셈이다. 퀘벡 지역을 식민지로 삼은 프랑스인들이 1608년에 퀘벡시를 세웠으나, 영국인들과의 전쟁에서 패한 대가로 이 지역은 1760년 영국의 지배하에 들어갔다. 그 후약 200년 동안 영국계와 프랑스계 주민 사이에는 갈등과 마찰이 끊이지 않았다. 이 와중에 수많은 프랑스계 사람들이 본국으로 돌아갔고, 남은 사람들은 모국과 단절된 상태에서 근근이 삶을 이어갔다. 지배자에서 피지배자로 입장이 바뀐 '프랑스계 퀘벡인'들은 고유한 언어와 종교 전통을 지키고자 안간힘을 썼다. 이 또한 지배자인 영국계로부터 수모와 멸시를 당하는 빌미가 되곤 하였으나, 프랑스계는 자신들의 가치를 굳건하게 지켜나갔다. 의지의 프랑스계 주민들 사이에 혁명이 조용하게 전개되고 있었던 것이다.

1774년 퀘벡 헌장의 제정으로 '퀘벡인'들은 마음 놓고 프랑스어를 말할 수 있게 되었다. 가톨릭을 믿고 교리를 실천할 권리도 인정받았다. 그러나 이는 미국 독립전쟁을 계기로 '퀘벡인'들 사이에 독립 의지가 고취되는 것을 경계한 영국 왕실의 유화책일 뿐이었다. 그런 만큼 퀘벡 지방에 프랑스 문화가 정착되기까지 퀘벡인들은 수많은 난관을 견뎌내야만 하였다. 바로 그러한 난관을 극복하는 과정에서 '조용한 혁명'이 싹을 틔운 것이다. 무기로 항거하지 않았고, 소리 높여 자기주장을 내세우지 않으면서도, 묵묵하게 역사적 현실을 만들어 나갔다.

그리고 오랜 세월이 지난 1960년대에 마침내 '조용한 혁명'의 꽃

이 피어올랐다. 산업혁명 이후 경제적 부의 창출과 사회 안전이라는 기본적인 욕구의 충족에만 매달리던 사람들이 다른 곳으로도 눈길을 돌리면서 새로운 가치의 존재를 인식하기 시작한 것이다.

'조용한 혁명(Silent Revolution)'은 미시간 대학의 잉글하트(Ronald Inglehart) 교수가 처음 사용한 용어로, 삶의 질을 중시하는 가치관의 변화 과정을 일컫는다. 인간의 가장 원초적 욕구는 생존과 직결되는 경제력과 신변 안전이다. 한때는 국가의 역할도 경제력을 끌어올려 후생 수준을 높이는 복지국가와 국방 및 치안을 책임지는 경찰국가에 큰 비중을 두곤 하였다. 경제력이 강하고 안전이 보장될수록 인간은 만족스러움을 느끼고 행복해진다는 가설이 성립되기도 하였다. 그러나 수치나 지표로 나타나는 경제력과 인간의 행복이 반드시 비례하지 않는다는 것을 이내 깨닫게 된다. 육체적 안락도 마찬가지다. 신변이 안전하다는 것만으로 행복하다고 할 수 있을까?

국민소득의 통계와 행복지수의 통계는 종종 다른 모습으로 나타나곤 한다. 그렇다면 경제력이나 안전함보다 더 중요한 것은 과연 무엇일까. 잉글하트 교수는 이를 인간의 가치관 변화에서 찾아낸다. 즉, 삶의 질을 중시하는 가치관의 변화 과정에서 의식혁명이 수

인문학의 성찰이 없는 경제학은 허망하다

반된다는 것이다. 내면에서 꿈틀거리는 인간의 또 다른 욕구가 혁명의 이념을 제시해 주는 셈이다.

　인간은 경제적 동물(economic animal)만이 아니어서 양적 성장만으로 만족할 수 없다. 인간에게는 경제적 욕망과 안락한 생활을 떠나 또 다른 욕구가 내면에서 생동하기 마련이다. 사랑과 존경에 대한 욕구가 점차 뚜렷해지고, 지적·심미적 만족이 마음의 중심에 자리 잡게 된다는 게 잉글하트 교수의 지적이다. 인간의 욕망이 원초적인 데서 출발하지만 다음에는 주위와 사회에 대한 사랑과 존경으로 이동하고, 결국에는 자신의 지적·심미적 만족을 위해 돌아온다는 점이 흥미롭다. 자신과의 싸움은 스스로에 대한 성찰의 계기를 요구한다.

　혁명은 조용하게 진행되었지만 그 파급력은 결코 작지 않았다. 1960년대 퀘벡 사회에서 촉발된 '혁명'은 세상을 뒤바꿀 만큼 큰 영향력을 지닌 의식혁명이자 문화혁명이었다. 사회를 지배하던 이슈들에 대해 근본적인 의문을 제기하고 고민하였다. 인구구조의 변화, 도시화, 사회의 탈종교화와 종교의 자유 확산, 독립된 삶에 대한 갈망 등은 '퀘벡인'들로 하여금 사회 변화에 대해 진지하게 성찰해 보는 계기가 되었다. 경제력과 경찰력으로 보장받기보다는 자신을 완성하고 실현하기 위해 기꺼이 위험을 감수하고자 하였다. 때를 기다리기보다 기회를 만들어가고, 수동적으로 받아들이는 객체가 아니라 스스로 즐기는 주체로서의 방식이 '조용한 혁명'의 기치 아래 모두 수렴되었다.

　요즈음 공정사회의 구호가 요란하다. 개발연대 이후 압축성장의 과정에서 누적된 불공정사회의 폐해를 하루아침에 뒤바꿀 수 있다고 믿는 사람은 아무도 없다. 공정사회의 실현은 긴 호흡을 가지고 지켜봐야 한다. 이 시점에서 '조용한 혁명'을 떠올리는 까닭이 바로 여기에 있다.

(2010년)

·
　　·

공정사회를
그려 보다

　요즈음 우리 주위에서 공정사회에 대한 외침이 높아지고 있다.
그만큼 공정사회 실현에 대한 갈망이 크다는 방증이기도 하다. 따
지고 보면 개발연대 이후 50년간 추구해 온 가치는 원초적 본능을
충족시킨 것과 다름없다. 오랫동안 성장제일주의를 앞세우던 사회
적 분위기는 비로소 불공정한 사회의 폐해가 누적되고 있음을 감지
하기 시작한 것이다.

　지금이라도 공정사회의 실현을 국가와 사회가 나아갈 바람직한
방향으로 설정하고 추진한다면 다행한 일이 아닐 수 없다. 추상적

인 구호가 아닌 구체적인 현실을 상정해보면 공정사회의 실현은 그리 먼 미래의 일이 아니다. 지금 우리 주위에서도 얼마든지 찾아 볼 수가 있다.

예를 들어 군 복무자에 대해 가산점을 부여하는 문제부터 생각해 보자.

군 복무자의 가산점 부과에 대해 사회적 논란이 그치지 않는 것도 공정성의 문제와 밀접한 관련이 있다. 우리 사회가 남성들의 국방의무 수행을 인정하는 데에는 인색하지 않은 것 같다. 군에 복무하는 남성들은 한 가정의 아들이요, 형이자 오빠이며 때로는 동생이기 때문이다. 그러나 막상 가산점 부과로 인해 피해에 직면하는 당사자들은 사정이 다르다. 일반화의 문제가 아니라 개인의 문제로 다가온다는 점에서 그러하다. 우선 인센티브를 부여받는 기회가 남성에게만 국한된다는 데에 불만이 발생할 수 있다. 보는 관점에 따라서는 여성이나 장애인에 대한 차별이나 기회의 박탈로 비쳐지기도 한다. 단순한 불만이 아니라 불공정한 일이라는 인식이 밑에 깔려 있는 것이다.

기회의 공정한 부여는 공정사회 실현의 첫 출발이자 핵심이다.

군 복무자에게 가산점을 부여하는 것은 일견 당연한 듯 보이나, 사실은 다분히 남성 중심적 사고의 산물이다. 남성만이 군대를 의무적으로 가야하고, 직업이나 사회활동도 대부분 남성의 전유물이던 시대에 통용되던 제도다. 관념이나 사고방식이 완전히 바뀐 요즘 세상에서 선뜻 인정하려 들지 않는 이유가 바로 여기에 있다. 여성의 사회 진출이 남성 못지않게 활발해지면서 그동안 당연시하던 현실이 갖는 기회의 불공정성이 크게 부각되기에 이르렀다. 이러한 현상으로부터 얻을 수 있는 교훈은 두 가지다. 하나는 기회의 공정한 배분이 매우 중요하다는 점이고, 다른 하나는 시대에 따라 공정성이 요구되는 분야와 영역이 달라질 수 있다는 점이다.

이런 관점에서 문제를 인식한다면, 차제에 국가에 필요한 봉사의 개념을 새로 정립하는 일이 시급해 보인다. 국민 모두의 참여가 가능하도록 차별적 규제를 완화하거나 문호를 개방하여 국민적 공감대를 확보해 나가자는 것이다.

국방 의무에 따른 군 복무자를 비롯한 국가봉사자를 대상으로 사회적 인센티브를 제공하는 방안을 생각해보면 어떨까. 우선 국가에 필요한 봉사의 개념에 군 의무복무는 물론, 해외봉사단 근무, 도서벽지 의료봉사단 등을 포괄적으로 포함하도록 하자. 비단 군 복무

뿐 아니라 남녀가 같이 참여할 수 있는 다양한 국가봉사 기회를 마련하고, 이에 대해 국가봉사 마일리지와 같은 사회적 인센티브를 부여하자는 것이다. 마일리지는 봉사의 개념에 따라 차등적으로 제공하고, 적립된 마일리지는 사용에 따라 소진되도록 하면 된다.

군 복무와 관련해서도 가능하면 남녀 차별의 소지를 줄여나가는 게 공정사회의 정신에 부합하리라 본다. 병역법을 잘 보완해서 여성들도 군에 자원하여 입대할 수 있도록 하는 제도를 도입해 보자. 여성들의 적극적인 사회참여 능력을 감안해 볼 때 여군 신병 입대 지원 등을 통해 여성의 군 입대 기회를 확대해 나가자는 것은 충분히 설득력이 있다.

군 복무자들뿐만이 아니다. 국가와 사회가 꼭 필요로 하는 일을 별다른 보수 없이 수행하는 사람이나, 일정한 보수를 받기는 하지만 보통 사람들이 기피하는 일을 기꺼이 수행하는 사람들도 국가봉사자의 범주에 포함될 만하다. 저출산 문제로 고민하는 사회라면 출산 여성들에 대한 배려가 이러한 틀 안에서 이루어질 수 있을 것이다.

이제라도 국가와 사회에 대한 봉사의 개념을 새롭게 정립하고,

인문학의 성찰이 없는 경제학은 허망하다

국가봉사자들을 사회적 자산으로 키워나간다는 정신으로 제도를 구축해 나가는 것이 바람직하다. 그러한 과정을 거쳐 한발 한발 나아가다 보면 머지않은 장래에 사회구성원 대다수가 공정하다고 여길 만한 사회가 구현될 수 있을 것이다.

(2011년)

담합을 조장하는
사회

담합과 같은 반경쟁적인 행위가 적발될 때 우리 사회는 대체로 이중적인 반응을 보이곤 한다. 워낙 다반사로 일어나는 일이라서 그런지 그냥 대수롭지 않은 현상으로 여길 때가 많다. 때로는 담합 행위를 잇달아 적발하는 경쟁당국을 곱지 않게 보거나, 심지어 기업 활동의 발목을 잡는다고 원망 섞인 푸념을 늘어놓는 경우도 있다. 담합 행위 그 자체가 시장경쟁에 해로운 일인지 아닌지는 잘 따지려 들지 않는다.

그러다 외국의 경쟁당국이 국내 유수 기업의 담합 행위를 적발했

인문학의 성찰이 없는 경제학은 허망하다

다는 소식이 전해질 때는 사정이 달라진다. 외국의 경쟁당국이 자국의 독점금지법을 역외적용해서 국내 기업에 막대한 과징금을 부과하는 사례가 잇따르면 그때야 비로소 심각하게 받아들이기 시작한다. 그리고 새삼 담합 관행이 글로벌 스탠더드의 측면에서는 결코 통하지 않는다는 사실을 깨닫곤 하는 것이다. 실제로 미국 등 선진국들은 시장에서의 기업 간 담합을 중죄 행위로 다루는 경우가 일반적이다.

이러한 이중성은 우리 사회에 경쟁보다는 담합 같은 집단 행위가 만연해 있는 데에서 기인한다. 협동과 협조를 중시하는 사회문화적 풍토에서 담합 행위에 대한 죄의식이 없다 보니 눈앞에 이익이 생길 양이면 너도나도 쉽게 담합의 유혹에 빠지곤 한다. 금융, 건설, 정유 및 석유화학 등 내로라하는 업종뿐 아니라, 설탕, 밀가루, 분유, 아이스크림, 교복, 주유소, 유치원, 태권도장, 학원, 부동산 중개업, 예식장, 영화배급사 및 복합상영관, 심지어 아파트 부녀회 등의 생활경제에 이르기까지 담합의 관행은 암세포처럼 퍼지고 있다. 어쩌다 적발된 기업들은 억울하다는 반응 일색이고, 때로는 억척스럽게 단속하고 적발하는 당국을 야속하게 여기기도 한다.

그렇다면 우리 사회는 왜 담합의 심각성을 느끼지 못하는 것일까? 필자는 이를 국제적인 시각에서 볼 때 드러나는 사회문화의 갭 (gap) 때문이라고 파악한다.

첫째, 기업 문화 및 영업 관행의 갭이다. 최근 국제카르텔의 규제는 미국과 유럽의 기준 및 제도의 역외적용(extraterritorial application)이 확산된 데서 비롯한다. 그런데 각종 회합과 사업자단체 활동, 경조사 모임, 개인적 인맥 등과 연결된 동양적 기업 문화와 영업 관행에 익숙해져 있는 우리 기업들은 이러한 기준에 비추어 볼 때 취약할 수밖에 없다.

둘째, 카르텔 행위 자체에 대한 죄의식의 갭이다. 경쟁법의 역사가 오래된 구미에서도 당초에는 카르텔 행위를 비즈니스 과정에서 발생하는 실수로 인한 가벼운 위법 행위로 간주하기도 하였다. 그러다 카르텔 행위로 인한 사회적 폐해가 크다는 것을 인식하면서 사기 행위로 간주하다가, 급기야는 성폭력보다 더 무서운 중대한 범죄 행위로 간주하기에 이르렀다. 그러나 아직도 우리 사회에서는 비즈니스 과정에서 있을 수 있는 작은 실수 정도로 인식하고 있는 것은 아닌지 모르겠다.

셋째, 노하우의 갭이다. 비즈니스 활동에 있어 중요한 사안을 결

인문학의 성찰이 없는 경제학은 허망하다

정할 때마다 경쟁사업자의 동향을 파악하고 분석하는 일은 필수불가결하다. 우리 기업뿐 아니라 서구의 기업들도 마찬가지다. 문제는 우리 기업들은 우직하다는 점이다. 경쟁사업자끼리 수시로 만나고 연락하며 중요한 정보를 교환하는 일이 다반사다. 사업자단체는 이러한 일을 주선하는 게 주목적인 양 활동하기도 한다. 반면에 외국 기업들은 경쟁사업자들의 동향 파악도 세련되게 진행한다. 내부 서류를 작성하거나 출장보고서를 작성할 때에도 담합의 의심이 갈 만한 표현이나 문구를 삼간다. 사업자단체의 회의도 의심 살 만한 이슈가 제기되면 피한다. 그러면서도 경쟁사업자의 동향을 파악하는 노하우를 갖추고 있는 것이다.

넷째, 리니언시(Leniency, 자진신고자 감면) 제도에 대한 인식의 갭이다. 카르텔 행위는 은밀하게 이루어지기 때문에 적발하기가 쉽지 않다. 그래서 주요국들은 대부분 리니언시 제도를 갖추고 있다. 심지어 많은 나라에서 리니언시 제도의 실효성을 높이기 위해 감면제도의 요건을 완화해 가는 추세이다. 물론 우리나라에도 리니언시 제도가 있다. 그러나 많은 경우 리니언시를 활용해 자진신고를 한 기업을 고운 눈으로 보려 하지를 않는다. 동업자 가운데 배신자로 왕따 당하기 일쑤다. 심지어는 리니언시 제도 자체를 비난하거나 순응하려 하지 않는 경우도 있다. 이에 반해 외국 기업들은 리니언시 제도를 기업 활동에서 전략적으로 선택할 수 있는 수단으로 간주하곤 한다. 그동안 우리 기업들이 외국 경쟁당국에 단속된 이면에는 해외 경쟁기업들이 리니언시 제도를 적절하게 활용한 게 결정적이었다.

이 밖에도 공정거래위원회를 둘러싼 내·외부 논리의 갭, 정부부처 간에 행정지도를 둘러싸고 벌이는 담합 논쟁 등도 카르텔에 취약한 우리 사회의 단면을 보여주는 현상들이다.

우리 기업들이 글로벌 기업으로 도약하려면 해외 경쟁법의 준수가 필수적이다. 카르텔 규제에 관하여서도 국제적인 시야를 갖춰야 한다. 적어도 담합에 관한 한 이제는 좀 더 보수적이고 엄격한 입장에서 규율할 필요가 있다. 국제적으로 카르텔 규제가 엄격해지고 있는 현실에서 누구를 탓하기 전에, 오로지 우리 스스로 규율을 제대로 해 나갈 수밖에 다른 도리가 없는 일이다.

(2009년)

．
．

길 위에서
길(道)을 찾다

영국 사람들은 자동차를 아주 조심스럽게 운전한다. 이에 비해 프랑스인들의 운전습관은 거친 편이다. 출발할 때도 급하고 정지하는 것도 급하다. 고속도로에서 속력을 내는 것은 두말할 필요도 없다. 그런데도 교통사고율을 따져보면 영국이나 프랑스나 아주 비슷하다고 한다. 논리적으로는 프랑스의 교통사고율이 영국의 그것에 비해서 높아야 하는데, 사실은 그렇지가 않다는 것이다. 어떻게 그럴 수가 있을까? 언뜻 생각하면 이상한 일이지만, 이게 사실이라면 반드시 그 이유가 있을 것이다.

유학 시절, 프랑스에 몇 년 살면서 그 의문이 풀렸다. 프랑스 사람들은 교통규칙만큼은 철저히 지킨다. 서야 할 때 서고 가야 할 때 간다. 돌아가거나 차선을 바꿀 때는 반드시 깜빡이등을 켠다. 급하게 서고 급하게 출발하는 것은 그 다음의 문제다. 최소한 지킬 것은 지킨다. 그러고 나서 운전자가 기질대로 즐기고 싶은 대로 운전을 한다. 그러다 보니 교통사고율이 조심조심 운전하는 영국 사람들보다 높지 않은 것이다. 거친 운전을 하는 프랑스 사람들이 영국 신사들에게 문화인이자 선진국 국민으로서 체면 구기지 않고 당당하게 대접받는 이유가 바로 여기에 있다. 선진국의 문화시민으로서 최소한 지킬 것은 지켰기 때문이다.

언제부턴가 우리나라 자동차들은 설 곳에서 제대로 서질 않는다. 택시고, 버스고, 트럭이고, 자가용이고 간에 달리다가 서고 싶을 때에는 아무 데에서나 제멋대로 정차를 한다. 빈 택시가 달리다가도 탑승할 손님이 보이면 도로변으로 다가가서 서지 않고 달리던 길 그 자리에서 멈추어 선다. 그 자리가 차선의 중앙이라도 아랑곳하지 않는다. 심지어는 다른 차선을 걸치고 서는 경우도 있다. 버스들도 마찬가지로 도로 한복판에서 사람을 내리고 태우는 일이 비일비재하다.

그런데도 놀라운 것은 이를 지적하는 시민의식이 없다는 점이다. 이런 일을 목격할 때마다 혹시 이러한 무질서가 우리의 도로 사정에서는 어쩔 수 없는 일이라고 여기는 것은 아닌지 모르겠다. 단속하는 경찰도 이만한 일에는 그러려니 하고 무관심하게 지나친다. 그러나 내가 보기에는 우리 사회의 구성원들이 최소한 지켜야 하는 것이 무언인지를 모르는 것은 아닌지 걱정이 앞선다. 선진국을 지향하는 문화시민으로서 운전 중에 최소한 지켜야 할 것은 과연 무엇인가?

다시 프랑스인들의 운전 습관에서 이를 찾아보자. 무엇보다도 운전 중에는 상대방에게 직접 영향을 줄 수 있는 행위는 조심하고 삼간다는 것을 알 수 있다. 이층버스나 두 칸을 연결해서 달리는 긴 버스들도 정류장에서는 항상 길 가장자리에 바짝 다가가서 멈춘다. 비교적 거칠게 거리를 질주하는 대형 화물차들도 이 점만큼은 예외가 아니다. 올바른 정차질서는 운전의 기본예절이기 때문에 누구나 지켜야 하는 것으로 알고 이를 지키는 것이다. 과연 선진국 국민답게 타인에 대한 배려가 몸에 배어서 가능한 일이다.

주·정차가 엉망이면 교통의 흐름을 방해할 뿐 아니라 갑작스런 장애물로 인해 교통사고 위험이 높아질 수 있다. 도로 한복판을 달리던 자동차가 도로변으로 다가서지 않고 갑자기 그 자리에 멈춰 선다면 깜빡이등을 켜지 않을 것이다. 그러면 뒤따르던 자동차는 사전에 위험을 감지할 겨를도 없이 사고 위험 속에 빠져들 수밖에 없다. 우리나라에서 일상 겪게 되는 일 가운데 하나다. 다른 사람에 대한 교통 방해나 사고 위험은 아랑곳하지 않은 채, 나만 적당히 편하면 그만이라는 매우 이기적인 행위라고 말하지 아니할 수 없다.

정차질서가 문란하거나 깜박이 신호를 게을리 하는 일은 그로 인한 피해가 본인 자신이 아니라 상대방에게 간다는 데에 문제가 있다. 운전 중에 안전벨트를 매지 않는 일과는 구별이 되는 것이다. 안전벨트의 경우에는 이를 지키지 않은 바로 그 자신에게 피해가 돌아가기 때문이다.

다른 사람들에게 어떤 피해가 있든 말든 나만 편하면 된다는 심사로 정차질서를 엉망으로 하면서 선진국의 문화시민이 되기를 바랄 수 있겠는가. 가만히 생각해 보니 십여 년 전까지만 해도 그렇지 않았던 것 같은데, 요즘 들어서는 교통질서 위반 사례가 부쩍 많아지고 이를 당연시하는 경향마저 보인다. 그렇다면 우리나라는 선진국으로 가는 것이 아니라 오히려 후진국으로 후퇴하고 있는 것이 아닌가. 우리가 일상에서 늘 대하는 현상이라면 우리나라를 찾

인문학의 성찰이 없는 경제학은 허망하다

는 외국인들의 눈에는 어떻게 비쳐졌겠는가. 부끄러운 일이라 하
지 않을 수 없다. 길 위에서 길(道)을 찾는 시민운동이라도 벌여야
할 판이다.

(2001년)

시적 상상력을
발휘하다

오마주 투 코리아

오마주(homage)란 프랑스어 hommage에서 유래된 단어로, 주로 영화계에서 '경의의 표시로 바친다.'라는 뜻으로 사용되곤 한다. 다분히 헌정(獻呈)이나 헌사(獻辭)의 의미가 내포된 말이다. 통상 영화의 한 장면을 할애하여 다른 영화의 장면을 일부러 인용함으로써 그 영화의 작품과 감독에 대한 존경심을 표시하는 것을 '오마주로 표현하였다.'라고들 한다. 이렇게 특정 장면이나 대사를 자신의 영화에 차용하거나 암시하는 방식은 존경하는 사람의 업적과 재능에 경의를 나타내는 영화적 표현이다. 1980년에 개봉된 브라이언 드 팔마 감독의 '드레스드 투 킬(Dressed to Kill)'에는 욕실에서의 샤워 중 살인 장면이 등장하는데, 이는 히치콕의 1960년대 작품인 '싸이코(Psycho)'에 대한 오마주다. 이명세 감독의 영화 '개그맨'에서 안성기 연기의 한 장면은 찰리 채플린의 코미디 스타일을 본뜬 것이다. 감독과 배우가 모두 오마주를 통해 배우 채플린에 경의를 표한 셈이다.

비단 영화뿐만이 아니다. 요즘엔 오마주란 단어가 영화계 밖에서도 흔히 사용된다. 음악, 회화, 문학, 사진 등 다양한 예술 장르에서 오마주는 이제 경의를 표하는 상징적 수단으로 활용되곤 한다.

하지만 일반인에게 오마주라는 단어는 그다지 익숙하지 않았다. 이 말이 프랑스어에서 유래한 데다, 일상에서 흔히 쓰이기보다는 아주 특별한 경우에만 등장하기 때문이다. 그런데 어느 날 우리 한국인들에게 오마주란 단어가 가까이 다가왔다. 김연아 선수가 피겨 스케이팅 세계선수권대회에 출전하면서 프리 스케이팅의 배경 음악으로 아리랑의 가락을 편곡한 '오마 주 투 코리아(Homage to Korea)'를 선보인 것이다. 하지만 외국인 심판들 앞에서 경쟁을 치러야 하는 김연아 선수의 처지에서 보면 대단한 모험이 아닐 수 없다. 아리랑은 우리 민족의 고유한 정서가 스며있는 한 서린 가락이 주조이기 때문이다.

인문학의 성찰이 없는 경제학은 허망하다

한국인이 아닌 외국 심판들로서는 생소한 배경 음악의 흐름을 이해해 가며 기량과 예술구성 측면에서 연기를 평가해야 하는 부담이 있다. K-팝을 앞세워 한국의 대중음악이 세계 곳곳으로 퍼진다 해도 외국인이 우리 민요인 아리랑 가락의 내면에 깊이 담긴 정서까지 이해하는 데에는 한계가 있다. 아무리 편곡을 했다 한들 이러한 한계를 뛰어넘기는 쉽지 않았을 것이다. 물론 세계적으로 널리 알려진 민요가 없지는 않다. 하지만 민요란 본시 글로벌 정서보다는 토속적인 감흥을 담기 마련이어서 보편성과는 거리가 먼 것이 일반적이다.

한 폭의 산수화를 연상시키는 의상을 입고 배경 음악에 맞춰 은반 위를 수놓은 김연아의 프리 스케이팅 연기는 한국인의 심금을 울리기에 충분했다. 그러나 외국인 심판들의 공감과 이해는 극히 제한적이었을 것이라는 인상을 지울 수 없다. 프리 스케이팅 연기가 배경 음악과 하모니를 이루는 모습을 어떻게 느끼느냐는 평가자들로서 중요한 판단 기준 가운데 하나다. 김연아 선수 측에서도 사전에 그걸 몰랐을 리가 없다. 그럼에도 불구하고 굳이 한국인들만이 친숙한 아리랑을 배경 음악으로 선곡한 까닭은 과연 무엇이었을까? 그것도 피겨스케이팅 시즌의 정규 리그라 할 그랑프리 시리즈는 제쳐두고 단 한 번 출전하는 세계선수권대회에서 말이다.

아마도 김연아 선수는 대회에 출전할 때 이번이 마지막이라고 생각했을지도 모른다. 그래서 이미 올림픽과 세계선수권대회를 제패한 터라 굳이 한 번 더 정상에 서는 기쁨을 만끽하기에 앞서, 세계인의 시선이 모이는 순간에 태어나고 자란 조국에 경의를 표하고 싶었는지도 모른다. 그게 바로 대한민국에 바치는 오마주, 즉 오마주 투 코리아다.

장하고도 장한 일이다. 가히 세계 최정상의 선수다운 모습이다. 스물 한 살의 김연아 선수는 아직 젊은 나이다. 그러나 조국에 대한 사랑만큼은 그 누구보다도 성숙해 있다. 대한민국 국민들이 김연아 선수를 끔찍이도 사랑하는 이유다. 먼 훗날 '오마주 투 코리아'가 '오마주 투 김연아(Homage to Kim Yuna)'로 되돌려질 날이 있을 것으로 기대해 본다.

(2011년)

·
·

한류 만세

　요즈음 일본인들이 한국을 보는 눈이 달라진 것을 느낀다. 전자제품을 비롯해 한국 상품을 찾는 일본인들의 발걸음이 늘고 있는 것이다. 한국산 전자제품을 찾는 이들은 20, 30대가 주류인데, 한류 스타들에 대한 이들의 관심이 한국산 제품의 구입으로 이어지고 있는 것으로 보인다. 자국 제품에 대한 선호도가 매우 높은 일본인들로서는 작지만 큰 변화가 아닐 수 없다. 아무래도 일본인들이 먼저 마음을 열었다기보다는 무언가 그들의 마음에 꽂히는 감동이 있었음에 틀림없다. 한류를 앞세운 한국 대중문화의 침투가 바로 그것이다.

한류란 표현은 2000년을 전후해서 중국 언론에 등장한 이래 널리 사용되어 왔다. 하지만 그 이전에 이미 드라마를 중심으로 아시아 일대에서 한국 대중문화의 열풍이 일기 시작하였다. 그 이면의 역사를 거슬러 올라가면 재미있는 사실을 알게 된다.

한때 아시아에 일본류와 홍콩류의 흐름이 유행한 적이 있었다. 1990년대 초반까지 일본은 아시아 일대에서 세련되고 서구화된 문화콘텐츠를 앞세워 일본 열풍을 몰아갔다. 그러나 일본 대중문화는 제국주의 시절의 쓰라린 경험을 겪은 나라에서 반감에 직면하게 된데다 일본류를 대표하는 콘텐츠들이 보편성과는 거리가 멀어 공감대가 널리 확산되지 못하였다. 홍콩류로 대변되는 홍콩 대중문화역시 한때 아시아 각지를 휩쓸었지만, 20세기 말 홍콩이 중국에 반환되고 홍콩의 문화제작자들이 대거 미국 등지로 떠나면서 그 성장세가 꺾이고 말았다. 그 후 아시아 대중문화의 샛별로 떠오른 것이바로 한류다.

한류의 역사는 이제 10년을 훌쩍 넘어간다. 한때의 열풍으로 끝날것 같던 한류는 이제 하나의 문화 코드로 자리를 잡았다. 일본에서는 한국 드라마를 통해 중장년층 여성들이 잃어버린 로맨스를 재발견하는 사회 현상으로 이어지기도 하였다. 한류 초기만 하여도 일

인문학의 성찰이 없는 경제학은 허망하다

본의 중장년층이 열광하는 한국 드라마 인기가 얼마 안 가 식을 것이라고들 예상하였다고 한다. 그러나 10대와 20대 젊은 층의 취향에 맞는 한국 드라마가 새롭게 일본 팬들의 마음을 사로잡으면서 한류는 세대를 넘어 일본 대중문화의 중심부에 깊숙이 자리를 잡았다.

한국 대중문화의 열풍은 중국, 일본을 넘어 동남아시아 전역으로 확산되더니 급기야 유럽, 중동, 남미로까지 그 열기를 이어가고 있다. 드라마, 대중음악, 공연예술, 영화, 애니메이션, 캐릭터 등으로 한류의 장르를 넓혀가고, 패션, 화장품, 액세서리는 물론 식품류와 전자제품에 이르기까지 한국 관련 상품에 대한 이례적인 선호현상도 불러일으키고 있다. 블룸버그 보고서에 따르면 한류의 경제적 가치는 무려 4조 원에 달한다고 한다. 세계 최고의 스포츠 구단인 맨체스터 유나이티드나 뉴욕 양키즈의 시장가치보다 커서 그 두 배가 넘는다는 평가다. 한류의 가치는 계속 성장할 가능성을 지니고 있다는 점에서 앞으로도 눈여겨봐야 할 대상이다.

한류에 꽂힌 사람들은 한국과 한국문화, 한국인과 한국인의 생활, 나아가 한국어에 대한 관심도 남다를 수밖에 없다. 트위터, 유튜브 등 인맥 구축서비스(SNS)를 통해 대중의 힘이 한껏 확산되고 있던 참에 세계 곳곳에서 대중의 마음을 사로잡는 한류의 각종 문화콘텐츠들은 그야말로 '한국 붐'을 일구는 값진 기회를 제공하고 있다.

그동안 세계 속에서 한국은 전쟁의 폐허와 분단의 아픔을 딛고 유례가 없는 성장과 발전을 이룩해 온 나라로만 각인되어 왔다. 한국 문화는 관심의 대상이 아니었고, 한국제품들도 특별한 가치나 감동을 주지 못한 채 상품으로만 시장에서 거래되곤 하였다. 한국의 개발연대 경험에 대한 인상이 깊을수록 한국에 대한 이미지는 고정되기 일쑤였다. 그러나 지금은 사정이 다르다. 한류의 열풍은 세계인에게 참신하게 다가가는 강력한 소프트 파워로 작용하고 있다. 한류 덕분에 산업국의 이미지를 문화국의 이미지로 탈바꿈할 전기를 마련한 셈이다. 한국이 문화의 허브까지는 아니더라도 문화의 강력한 파워하우스로 성장한다면 세계가 한국을 재인식하게 될 날도 머지않아 보인다. 이미 그 싹을 틔웠으니 유구한 역사와 문화가 서린 전통의 나라 한국, 바로 그 한국을 알리는 데 한류가 전위 역할을 하고 있는 것이다.

과연 한류 만세다!

(2011년)

인문학의 성찰이 없는 경제학은 허망하다

막걸리 찬가

‘마셔도 사내답게 막걸리를 마셔라, 맥주는 싱거우니······.’ 학창 시절에 즐겨 부르던 막걸리 찬가의 한 구절이다. 당시에는 막걸리뿐만 아니라 막걸리를 담는 용기나 사발에도 애잔한 삶의 애환과 정서가 듬뿍 배어 있곤 하였다. 고달프고 짓눌린 삶을 막걸리 한 사발로 떨쳐버리기라도 하듯 호기롭게 들이키던 시절의 이야기다. 노래 가사뿐 아니라 곡조도 강하고 억세다. 막걸리 찬가가 다분히 남성적이다 못해 마초적인 이유가 바로 그 시대의 정서와 무관하지가 않다.

그러나 요즘은 여성들도 막걸리를 즐겨 마시곤 한다. 삶의 애환보다는 문화적 정취에 흠뻑 젖어들고 싶을 땐 막걸리가 제격이다. 막걸리의 매력은 호기로움이 아니라 여유로움에 있다. 누룩과 쌀로 빚은 막걸리를 마시노라면 그 넉넉한 맛과 향을 즐길 수가 있다. 맑은 술을 떠내지 않고 그대로 걸러 만든 막걸리는 그 어느 술보다 자연의 맛으로 즐기는 멋스러움이 있다.

시내 곳곳에서 우리는 이런 막걸리를 반갑게 만날 수 있다. 시장통에 자리 잡은 주점에서는 물론이고, 호텔이나 고급 레스토랑에서도 막걸리를 쉽게 마주한다. 와인바 못지않게 실내장식이 멋들어진 막걸리 주점도 자주 눈에 띈다. 막걸리는 이제 우리 사회에서 하나의 문화 코드로 자리 잡았다 하여도 과언이 아니다.

막걸리의 처지가 어떻게 이렇게 바뀔 수 있는 것일까. 이게 바로 규제개혁의 힘이다. 사실 그동안에는 탁주를 비롯한 주류에 대한 관리가 세정(稅政) 차원에서만 이루어져 왔다. 주무관청도 주정을 배분하고 주세를 징수하는 국세청이었다. 주류 산업을 하나의 산업으로 간주하지 않았다는 의미이다. 지난 백년 간 주류업은 각종 규제로 얽어 매인 신세였다. 20세기 초 주세 제도가 도입될 당시부터 주류의 종류나 제조방법이 획일화되고, 엄격한 기준의 허가 없이는 함부로 만들 수도 없었다. 사정이 이러하다 보니 문화와 멋은커녕

인문학의 성찰이 없는 경제학은 허망하다

품질 관리에도 제대로 관심을 쏟지 못하였다. 그러다 최근 몇 년 사이에 주류업을 보는 시각이 바뀌었다. 규제를 풀고 경쟁을 촉진해서 하나의 산업으로 키워가자는 공감대가 형성되기 시작한 것이다.

그중에서도 막걸리는 규제개혁의 최대 수혜자이다. 막걸리의 처지가 바뀐 게 탁주의 제조, 공급, 판매에 대한 규제개혁이 이루어진 덕이라는 의미이다. 탁주를 둘러싼 규제가 완화되면서 공급이 다양화되고 품질이 좋아졌다. 이는 곧 막걸리 선풍으로 이어졌고 새로운 문화를 창출하기에 이르렀다. 더 나아가 연구개발(R&D)을 통해 끊임없이 신제품이 개발되고, 이는 다시 해외시장 개척으로까지 이어졌다. 유명 주류 업체들이 막걸리 생산에 참여하면서 시장을 둘러싼 경쟁도 덩달아 치열해졌다. 멋들어진 술병과 막걸리 잔이 만들어지고, 막걸리 칵테일과 막걸리 디저트가 등장하였다. 대학에는 막걸리 맛을 감별하는 소믈리에 과정이 개설되기도 하였다. 탁주에 대한 규제개혁은 결국 제조, 유통 및 물류, 판매, 연구개발 등과 직접 연관되는 부분은 물론이고, 문화와 레저, 교육의 영역에서도 의미 있는 고용창출 효과로 이어지고 있는 것이다.

비단 막걸리뿐이랴. 막걸리와 더불어 서민의 술임을 자처하던 소주의 처지도 바뀌었다. 소주의 품질이 좋아지면서 해외에서도 우리나라

소주에 대한 수요가 늘고 있는 것이다. 나에게도 외국 출장길에 양주 한 병 사오는 재미가 쏠쏠했던 시절이 있었다. 그러나 언제부턴가 술에 관한 한 맨손 귀국이다. 아마도 우리 술만으로도 그 맛을 즐기기에 충분하다고 느꼈기 때문이리라. 이 또한 규제개혁의 힘이다.

요즘은 예전처럼 막걸리 찬가를 자주 부르지 않는다. 젊은 시절 막걸리를 즐겨마시던 옛 친구들도 막걸리 찬가를 잊은 듯하다. 전국에 걸쳐 700개가 넘는 양조장에서 이천여 종의 막걸리가 생산된다 하니, 여기저기서 막걸리 찬가가 울려 퍼질 만도 한데 어쩐 일인지 들을 수 없다.

잡초처럼 살며 거친 인생길을 찾아 나서던 시절엔 막걸리 찬가를 부르며 애환을 달래기도 하였다. 그러나 이제는 인생도 사회도 세상도 많이 바뀌었다. 술이라고 해서 바뀌지 않을 수가 없을 것이다. 막걸리도 예전처럼 거친 맛이 아니라 부드러운 술 맛으로 승부를 건다고 한다. 아마도 부드러워진 막걸리에 걸맞은 막걸리 찬가가 아직 준비되지 않은 탓이려니. 멋진 막걸리 찬가가 새로 태어나길 기대해 본다.

(2011년)

인문학의 성찰이 없는 경제학은 허망하다

K-팝 · 고려청자 · 천재 화가 이인성

근래에 K-팝에 대한 우리의 자부심이 한껏 높아졌다. 문화적 자존심이 강한 프랑스 파리에서 팬들의 열화와 같은 성원으로 공연을 연장하고 외신들도 유럽에 불기 시작한 한류를 주목한다 하니 그럴 만도 하다. 어떤 이는 K-팝의 바람으로 우리도 세계인의 마음을 사로잡을 문화 능력이 있다는 사실을 확인하였다고 반겼다. 또 다른 이는 한류 열풍이 유럽을 점령했다는 표현은 과장이지만, K-팝이 신선한 충격으로 유럽 대중문화에 다가선 것은 사실이라고 해석하였다. 뒤에 인용된 사람은 캐나다 출신의 문화 평론가인 마크 러셀이다. 그는 1990년 중반 이래로 십 년 이상 한국에 살며 한류문화를 체험하였고 이를 바탕으로 2009년에 《Pop Goes Korea》라는 책을 펴내기도 하였다. 따라서 그의 해석은 예사롭게 들리지 않는다. 우리 대중문화도 이제 울타리를 넘어 세계시장을 상대로 명함을 내밀 만하다는 객관적인 평가라는 점에서 그러하다.

물론 K-팝이 우리의 전통적인 민속예술은 아니다. 서양의 대중문화를 받아들여 우리 나름대로 소화하여 아이돌 스타 중심의 화려하고 다채로운 볼거리로 다듬고 가공해서 팝의 원산지 무대에 보란 듯이 선을 보인 것이다. 외래문화를 받아들여 한국인의 손과 머리로 기획하고 짜여진, 그야말로 문화기술(CT)의 새로운 창조라는 데의미가 있다.

사실 이런 예는 일찍부터 있어 왔다. 고려시대에 만들어진 청자가 그 대표적인 사례다. 송나라의 도자기를 본떠 만들다 우리 고유의 유려한 비췻빛 청자를 빚어낸 것으로, 해외에서 더 높이 평가하는 게 바로 이 비색의 청자다.

최근에 천재 화가 이인성의 그림을 접할 기회가 있었다. 솔직하게 말하면 이전에는 막연하게 이름만 알던 인물이었다. 이인성은 광복 전후에 활약한 화가로 전문교육을 제대로 받기 전인 10대 시절

인문학의 성찰이 없는 경제학은 허망하다

부터 그림에 몰두하여 지금은 불후의 명작이 된 작품들을 완성해 나갔다. 그의 대표작이라 할 '가을 어느 날', '아리랑 고개', '경주 산곡에서' 등이 모두 20대 초반 이전의 작품들이다. 훗날 이인성을 천재화가라고 부르는 까닭이다. 요즘 문화에 관한 관심이 부쩍 높아진탓에 새로운 세계를 접할 때마다 나의 과문함을 새삼 깨닫곤 하지만, 이제껏 이인성의 진가를 제대로 알지 못했다는 게 부끄럽기까지 하다. 그러나 비단 이 일뿐이겠는가.

  화가 이인성은 한국의 고갱이라고 불리는 인물이다. 그의 그림을 보면 붉은 빛으로 채색된 화폭마다 인상파적인 이미지가 선명하게 드러난다. 그가 단지 고갱 흉내만을 냈을 뿐이라면 그저 아류화가라는 평가로 끝났을지도 모른다. 그러나 이인성은 인상파 화법을 한국적 토양에 맞추어 재해석하고 재창조하였다. 그는 유채화를 통해 한국미를 정립한 화가로 정평이 나 있다. 소재뿐 아니라 색감의처리에 있어서도 향토색을 듬뿍 담은 그의 작품들은 강렬하면서도따뜻하며 다정다감하다.

  이인성에 대한 평가는 아직도 현재 진행형이다. 60여 년 전에 서른아홉의 젊은 나이로 요절한 이 천재 화가는 단지 한 시대를 풍미한 인물로서가 아니라 살아 숨 쉬는 화가로 다시 태어나고 있다. 내

년 2012년은 마침 이인성 화가의 탄생 100주년이 되는 해다. 나와 이인성 화가의 인연은 우연히 찾아왔지만 나로서는 정말 행운이 아닐 수 없다. 그를 잘 모르고서야 어찌 한국인이라 할 수 있을 것인가 할 정도로 그를 알게 된 이후 새로운 자부심이 생긴다.

해외에서 일고 있는 K-팝 열풍이나, 시대를 뛰어넘어 현대에 재현되는 고려청자의 오묘한 빛깔과 우아한 자태나, 인상파 본질에 가깝게 접근하면서도 향토적인 정경을 물씬 담아 낸 이인성의 새로운 창조력을 문화 교류의 선순환이라는 틀에서 해석할 수는 없을까?

이 모두가 외래문화를 부단히 받아들이면서도 고유성을 잃지 않고 보편적인 정서와 가치를 창출해내는 우리 민족의 능력을 보여주는 사례라는 점에서 그러하다. 가장 보편적인 것이 바로 한국적인 것이고, 가장 한국적인 것이 세계적이라는 말의 의미가 여기에 담겨 있을 법하다.

(2011년)

인문학의 성찰이 없는 경제학은 허망하다

사물놀이 융합의 묘미를
살려보자

금년은 사물놀이의 대가 김덕수 선생이 예인(藝人) 인생 50년을 맞이한 뜻 깊은 해이다. 1980년대 후반 필자가 프랑스의 작은 도시에서 유학하던 시절, 김덕수 선생이 이끄는 사물놀이패가 그곳까지 찾아와 공연하던 기억이 새롭다. 20년 전의 일이다. 이미 그 당시에도 사물놀이는 한물가던 전통예술이었는데, 아직도 우리 곁에서 사랑을 받고 있다니 놀라운 일이 아닐 수 없다. 그것도 단순한 전통예술이 아닌 보편적 종합예술로서 말이다.

무엇이 사물놀이의 생명을 이토록 새롭게 한단 말인가. 전통예술을 현대적 정서에 접목시키고, 동서양의 보편적 음악으로 승화시켜 나간 김덕수 선생의 지혜로운 시도가 무엇보다도 돋보인다. 우리 전통가락의 풍물을 장고, 꽹과리, 징, 북 등 네 개의 악기로 재구성하여 체계화시켰고, 이를 다시 세계 보편의 음악적 정서와 상통하도록 하여 세계인의 사랑을 받는 공연 양식으로 발전시켜 나간 것이다. 일찍이 사물놀이와 재즈의 융합적 시도는 전통과 현대의 융합, 동양과 서양의 상통을 가능케 한 하나의 사건이었다.

21세기 초반을 사는 우리에게 김덕수 선생이 새삼스럽게 다가오는 이유가 따로 있다. 바야흐로 융합 시대가 도래하고 있기 때문이다. 정보통신 혁명이 디지털 융합을 촉발시킨 데 이어, 기술 융합 혁명이 끝도 없이 진행되고 있다. 비단 과학기술뿐만이 아니다. 인식과 이론, 관습, 사고, 관념, 가치관, 행동양식 등 이 시대를 지배하는 모든 것들이 융합 혁명의 소용돌이에 휘말려 있다. 필경 사회문화의 패러다임이 바뀌고 있다고 하여도 과언이 아니다. 산업 생산도, 기업조직도, 시장경쟁의 구조도, 기술혁신의 방법도, 교육의 영역도 여기에서 예외가 될 수 없다.

패러다임이 변한다는 것은 대변혁을 의미한다. 앞으로 혁신과 변화의 속도가 전례 없이 빨라질 것이라는 예고이다. 시대가 변하고

인문학의 성찰이 없는 경제학은 허망하다

있음에도 불구하고 우리의 제도와 질서는 구각의 틀을 벗어나지 못하고 있는 것은 아닌지, 우리의 사고가 아직도 과거에 머물러 있는 것은 아닌지 점검해 볼 일 이다.

우선은 패러다임의 변화 그 자체를 인식하는 것이 급선무이다. 변화하고 있는 현상을 놓치지 않아야 한다는 것이다. 그렇다면 융합 시대가 가져올 변화란 과연 무엇일까? 뭐니 뭐니 해도 사고의 유연성이 강조된다는 점이다. 고정관념을 탈피하고 발상을 전환해 보자는 뜻이다. 당연한 말인 것 같지만 쉽게 이루어질 수 없는 화두이다. 김덕수 사물놀이의 성공사례는 전통은 전통으로만 살 수 없고 현대적 정서와 통할 수 있어야 한다는 것을 보여준다. 그만큼 열려 있는 사고가 필요하다는 의미이기도 하다.

내가 태어난 고향의 발전에 사물놀이 융합의 묘미를 살려 볼 수는 없을까? 그 어느 지역보다 전통의 의미가 많이 스며있는 곳, 아름다운 자연과 한옥의 전통을 자랑스럽게 여기는 고장, 전라북도. 이제 그 전통의 자부심을 현대와 연결해서 상통하는 노력을 기울여보자. 유비쿼터스(Ubiquitous) 한옥마을, 사물놀이와 판소리와 재즈와 함께 어우러지는 비보이(B-boy) 청년들의 보금자리, 웰빙(well-being) 비빔밥의 원조 고장, 세계적인 수준의 한방과 양의가 패키지 서비스로 제공되는 종합건강마을, 이처럼 소프트파워가 강한 전라북도 브랜드로 다시 태어날 수 있다면 얼마나 좋을까.

융합 시대의 문화코드는 과연 무엇일까, 새로운 질서는 어떻게 우리에게 다가올까, 우리에게 어떤 의미가 있을까, 어떻게 받아들이는 게 바람직스러울까, 사회, 교육, 기술, 산업의 측면에서는 어떤 에너지로 구현되고 승화될 수 있을까. 우리 스스로에게 끊임없이 자문해 보자. 그래야 새롭게 전개되는 방향을 정확하게 알 수 있을 것이다. 궁극적으로는 새로운 패러다임에 걸맞은 제도와 질서를 갖추기 위해서이다. 그리고 우리의 살 길도 여기를 통해서 찾아보자.

전주와 익산과 군산의 연계, 도시와 농촌의 연계, 전라북도와 충청남도의 연계, 전라북도와 전라남도의 연계를 통해서 우리 전라북도가 발전할 수 있는 융합적 사고를 가져보면 어떨까 생각해본다.

(2007년)

인문학의 성찰이 없는 경제학은 허망하다

．
．

누가 패러다임 변화를
주도하는가

　근래 젊은 여성들의 패션 아이콘은 단연 미니스커트다. 여성들이 건강한 각선미를 자랑하기에는 미니스커트가 그만이다. 미니스커트 패션이 지구상에 등장한 것은 불과 50년이 채 안 되는데, 이와 관련해 재미있는 이야기가 전해온다.

　1960년대 초반 미니스커트가 첫 선을 보였을 때 영국 사회는 이를 곱게 받아들이지 않았다고 한다. 시대의 흐름에 앞선 충격적인 디자인이 문제였던 것이다. 에드워드풍의 길고 폭넓은 치마가 유행하던 시절, 허벅지를 드러내는 미니스커트의 등장은 관습과 보수적인 분위기에 눌리곤 하였다. 마침내 1965년에 이르러서야 고루한 전통과 관습의 터부가 무너지고 마는데, '아름다움을 자연스럽게 드러내야 한다.'는 신념을 지닌, 서른을 갓 넘긴 디자이너 메어리 퀸트(Mary Quant)의 당찬 도전을 통해서다. 미니스커트는 젊음의 역동성을 상징하는 모드로 여성들의 열렬한 애호를 받았고, 미니스커트 열풍은 영국을 넘어 세계로 퍼져나가 불티나게 팔려 나갔다. 미풍양속을 해친다며 못마땅해 하던 영국 왕실과 상류 사회조차도 미니스커트 수출이 크게 늘어나자 생각을 바꿀 수밖에 없었다고 한다. 결국 여왕이 메어리 퀸트에게 훈장을 수여하기에 이른다.

미니스커트를 처음 고안한 사람은 델러에이(J. Dalahay)라는 디자이너이지만, 잘 알려져 있지 않다. 한 사회의 패러다임을 바꾸는 데 성공하지 못했기 때문이다. 그러나 메어리 퀸트는 새로운 패션을 주도한 인물로 현대 복식사에 뚜렷한 족적을 남겼다.

요즈음 우리 사회에서는 새로운 패러다임을 요구하는 목소리가 여기저기서 일고 있다. 패러다임이란 한 시대를 지배하는 인식, 이론, 관습, 사고, 관념, 가치관 등이 결합된 총체적 틀로서, 미국의 과학사학자인 토마스 쿤(Thomas S. Kuhn)이 그의 저서 《과학혁명의 구조》에서 처음 제시한 개념이다. 문제는 누가 나서서 패러다임의

인문학의 성찰이 없는 경제학은 허망하다

변화를 주도할 것인가이다.

　유교문화권 사회에서는 선각자나 지식인들의 역할, 그리고 정부의 역 할이 중요하다고들 여겨왔다. 그러나 사회지도층 가운데는 변화보다 현상 유지를 선호하는 다수의 기득권자들이 포진되기 마련이다. 사회 변화의 요구는 높아만 가는데 이러한 요구를 제대로 따르지 못하는 현실이 이를 말해준다.

　그렇다면 과연 누가 패러다임 변화를 주도할 수 있는가? 낡은 가치와 사고의 창조적 파괴를 리드할 수 있는 존재라면 그 누구도 가능하다고 본다. 그러나 이때 논리적인 설득력만 가지고는 부족하다. 시대의 흐름을 읽고 사람들이 바라는 요구를 제때에 느끼면서 사회적 분위기와 가치관을 바꾸어 나가려면 직관적이고도 감성적인 설득력을 함께 지녀야만 한다.

　바로 이러한 맥락에서 다음 세 부류의 역할이 주목된다. 기업가 정신으로 무장된 기업인들, 시민사회와 비정부기구(NGO), 그리고 기존 질서에 도전적이며 끊임없이 새로운 가치관을 추구하려는 신세대들이 바로 그 주역이다.

일찍이 슘페터가 주창한 창조적 파괴를 가능케 하는 혁신의 주체는 기업가들이다. 그리고 그 동력은 혁신을 실현하고자 하는 기업가정신이다. 실패하면 가차 없이 시장에서 퇴출되기 때문에 기업인들은 본능적으로 혁신의 주도자가 될 수밖에 없다. '기업은 빠른 속도로 혁신을 거듭하며 사회 변혁을 주도하는 존재'라고 앨빈 토플러가 그의 저서인 《부의 미래》에서 지적한 바 있다.

시민사회와 비정부기구는 기존 사회에 끊임없이 새로운 인식, 이론, 관습, 사고, 관념, 가치관을 제공한다는 의미에서 패러다임의 변화를 주도하기에 안성맞춤이다. 다만 이들이 또 다른 권력자의 모습을 자임하지 않아야 한다는 전제가 있다.

마지막으로 신세대들은 현재진행형의 사회에 다분히 도전적이고 반항적이라는 점에서 의미가 있다. 한마디로 그들은 기성세대 입장에서는 못마땅해 보이지만, 패러다임의 변화를 주도하려면 그런 특징을 갖는 것이 당연하다.

요즈음 우리 사회의 움직임을 보면 이들 세 부류의 역할이 유난히도 눈에 뜨인다. 의미 있고 흥미로운 진행이라 하지 않을 수 없다.

(2011년)

강진은
청자의 고장만이 아니었다

　당초에는 청자를 만나러 강진 나들이를 생각했다. 그런데 막상 가서 보니 강진은 청자의 고장만이 아니었다. 곳곳에서 역사와 문화, 그리고 수려한 자연을 만날 수 있는 고장이 바로 강진이었던 것이다.

　신라와 고려 시대에 창건된 천 년 고찰이 그 자태뿐 아니라 고승들의 법고 정신을 그대로 품고 있는 곳, 고려청자가 여전히 숨 쉬고 있는 곳, 조용한 아침의 나라 조선 땅에 갑자기 들이닥친 서양의 흔적이 남겨진 곳, 조선의 실학 정신이 잉태되고 생산되던 곳, 근대에는 영랑 시인이 낭만서린 서정을 읊조리던 곳, 강진.

　강진은 이처럼 우리 역사의 현장에서 빠지지 않고 등장하는 땅이다. 고려 문화와 조선 역사가 고스란히 서려있는 곳, 강진은 그래서 '대~한민국'의 보고인 셈이다. 산과 숲, 호수 같은 바다와 드넓은 평야, 그리고 온화하고 청정한 공기까지 한데 어우러진 강진은 자연 그 자체만으로도 천혜의 고장이다.

　그런데도 현대인들은 어찌하여 강진의 진가를 몰라줄까. 단지 서울에서 멀리 떨어진 데다, 교통의 접근성이 편리하지 않아서인가. 이유야 어떻든 안타깝기 그지없다. 하기는 이런저런 이유로 해서 도시인들의 손을 타지 않은 덕분에 강진은 아직도 자연스러움이 남아 있다. 가서 보는 이들에게는 더없이 좋은 일이지만, 강진 사람들은 강진을 좀 더 알리고 싶었나 보다. 강진군이 나서서 탐방기회를 마련한 걸 보면 안다.

　나 역시 강진에 대한 호기심은 이 모든 것으로부터 비롯되지 않았다. 단지 청자에 대한 관심에서 비롯되었을 뿐이다. 강진 인근에서 나오는 양질의 고령토가 명품청자를 만들어 내는 원료란다. 그러나 그뿐이랴. 사람(도공)과 자연과 역사와 문화가 어우러져서 청자가

인문학의 성찰이 없는 경제학은 허망하다

명품으로 빚어지는 것은 아닌가. 강진 곳곳에 산재한 고려청자 도요지(가마터)는 이미 유네스코 세계문화유산에 등록되어 있다.

청자박물관에서 토요일마다 진행되는 경매행사를 관람할 수 있었던 것은 행운이었다. 일행의 거의 대부분이 경매는 첫 경험인 듯 했다. 나 역시 마찬가지였다. 욕심나는 작품이 없지는 않았으나 쭈뼛쭈뼛하는 사이 경매는 끝나가고 있었다. 나뿐만이 아닌 듯했다. '꽃무늬 참외모양 주전자'를 비롯한 비색의 소장품들을 관람하고, 근처의 전시관 등을 돌아다니며 청자 소품을 구입하기도 하였다. 아직은 대부분 호기심의 발동 단계이니 본격적으로 작품을 구매할 엄두는 내질 못한다.

청자박물관은 나름대로 깔끔했지만 전시작품이 그렇게 많지는 않았다. 알고 보니, 강진 현지나 태안 앞바다 등에서 발굴된 고려청자들은 국가 소유이기 때문에 국립중앙박물관, 국립해양문화재연구소, 국립목포대학교박물관 등에 주로 전시된다는 것이다. 우리나라의 국보나 보물로 지정된 청자의 80% 이상이 강진에서 생산된 것이라는데, 원산지에 대한 대접이 이래서는 안 된다는 생각을 해 본다.

월드컵이 무언지, 청자고 박물관이고 모두 뒤로 하고 서둘러 식당으로 향한다. 이른 저녁을 마치고, 마음을 가다듬어 응원을 해야만 이길 수 있다니 하는 수 없는 일이다. 남아공까지 가려다 땅 끝에서 막혔으니, 하멜처럼 여기서 머물며 응원이나 열심히 해 보자는 심산인 듯하다. 하기는 주최 측에서 응원복장까지 구비해 왔다니, 그 열정 한번 대단하다. 말릴 수는 없는 일이다. 그러나 저러나 청자박물관을 일찍 떠날 수밖에 없다는 사실이 못내 아쉽다.

나는 지난 1~2년 사이에 청자에 대한 관심이 부쩍 높아졌다. 작년 봄 신사동 호림박물관의 청자특별전을 관람한 이후의 일이다. 그 후로 전시회도 찾아다니고, 작품 구매에 나서기도 하였다. 강진과의 인연은 그렇게 시작되었다. 그런데 강진은 알고 보니 강진은 단순한 청자의 고장만은 아니었다. 이제는 탐방여행이 아니고 단 몇 달이라도 강진에서 집을 얻어 살고 싶다. 강진의 녹차를 달여 마시며 자연을 벗 삼아 다도를 즐기고도 싶다. 현대를 살면서도 신라, 고려, 조선, 근대의 위인들과 같은 공기를 마시고 싶다. 그렇게 푹 빠져서 느끼고 싶은 고장이 강진이다.

(2010년)

인문학의 성찰이 없는 경제학은 허망하다

김명인의 詩集《파문》을 읽고
파문이 일다

　오랜만에 시집 한 권을 읽었다. 김명인의 시집《파문》이다. 2008년 4월 어느 봄날, 필자가 대학 시절부터 참여한 독서토론 서클인 호박회(虎博會) 정기모임에서 다룬 작품이 바로《파문》이었다. 호박회 선배이기도 한 김명인 시인이 참석한 토론회는 나에게 의미가 컸다. 조용조용한 목소리로 서정시의 세계를 설명하던 시인의 눈빛이 형형하다. 그 모습이 머릿속에서 좀처럼 지워지지 않는다. 내 마음 속에 잔잔한 파문이 일어난 탓일까, 여운이 오래 갔다.

　경제학을 전공하고 사회생활을 시작한 지 35년, 그동안 서정시를 접할 기회가 거의 없었다. 무엇이 나를 그렇게 내몰았는지 몰라도 서정시를 탐미할 마음의 여유가 없었다. 형이하학 중의 형이하학이란 경제학의 메마른 논리에 젖어, 나의 생활은 현실 분석과 대안 마련에만 집중될 뿐이었다. 서정의 느낌을 가질 염(念)조차 없었다는 게 맞는 말일 것이다.

아마도 김명인의 시집 《파문》은 대학 졸업 후 처음으로 독파한 시집이다. 어쩌다 신문이나 잡지에 실린 한두 편의 시를, 가끔 신춘문예 당선작을, 그리고 지인인 정일근 시인의 시 몇 편을 읽었던 게 고작이다. 대학 졸업 후 40년 가까이 살면서 시의 세계를 접한 게 모두 그것뿐이라니, 한심하다 하지 않을 수 없다.

그런 때문일까? 김명인의 시집 《파문》은 나에게 큰 울림으로 다가왔다. 나에게도 분명 마음속 깊이 서정시적인 갈망이 있었음에 틀림없다. 그러면서 한편으로 직업의식이 발동하였나 보다. 큰 울림과 긴 여운이 가시기 전, 나는 내가 다니는 연구원의 홈페이지에 '이제는 창조산업이다'라는 제목의 칼럼을 게재하였다. 호박회 토론회가 있은 지 두 달 뒤의 일이다. 그때까지도 서정시와 서정시인의 여운은 계속되었다. 그러나 어쩔 수 없이 시적 상상력이 형이하학의 돌파구가 될 수 있다는 내용으로 일관할 뿐이다. 부끄럽지만, 내 직

인문학의 성찰이 없는 경제학은 허망하다

업이 그러한 걸 어쩌랴. 그나마 우리 동네에서는 이런 유(類)의 글조차 찾아보기가 힘들다.

시와 경제의 만남. 어떻게 보면 바람직할 수도 있다. 서정시의 느낌이 우리에게 선뜻 다가오고, 현실을 사는 경제인들이 시적 상상력을 통해 새로움을 발견하면서 궁합을 맞출 수도 있을 것이다. 그러나 문제는 서정시가 어떤 모습으로 우리 생활 속을 파고드느냐이다.

아무래도 서정시는 다소곳한 모습이 제격이다. 서정시가 우리에게 수줍게 살며시 다가오는 모습은 보기에 좋다. 시의 내면이 깊을수록 그러하다. 현실 속에서 시의 세계나 시적 상상력은 선택하는 주체보다 선택받는 객체일 때 더 향기롭고 아름답다. 그러나 시절이 바뀌면서 언제부턴가 시의 세계도 출사(出仕)를 즐기게 되었나 보다. 얼마 전 어느 시인이 '시에서 아이디어를 얻다'라는 제목의 책을 펴냈다는 기사를 본 적이 있다. 시를 읽으면 돈이 벌린다는 내용이 담긴 그런 책이란다. 물론 맞는 말일 수도 있다. 그러나 시인이 스스로 나서서 '시가 돈이 된다'고 외치는 현실은 씁쓸하다. 시의 세계가 이제는 더 이상 아름답지도 향기롭지도 않을지 모른다는 걱정이 엄습한다.

물론 시와 경제의 만남은 좋은 일이다. 그러나 시의 영역과 경제의 영역은 구별될 필요가 있다. 시인이 보는 인간의 내면이나 본성은 상인이 보는 것과는 사뭇 다르다. 경제적 이득을 추구하는 사람들은 주로 고객의 마음을 얻는 방편으로 인간과 자연을 탐구하는 경향이 강하다. 상인들은 물론이고, 연구개발이나 디자인에 나서는 사람들, 경영인들, 심지어 경제를 연구하는 사람들조차도 대부분 그러하다. 그러나 시인의 경우는 이와 다르다. 아니, 달라야 한다. 시인들은 인간의 내면과 본성, 자연과 인간의 조화를 즐겨 탐구한다. 인간 그 자체를, 삶 그 자체를, 자연 그 자체를 때로는 서정적으로 때로는 특유의 경탄스러움으로 느끼곤 하는 것이다.

　그러므로 시와 경제는 서로 분업을 하는 게 낫다. 시의 역할과 경제의 현실이 뚜렷이 다르기 때문이다. 경제의 현실에서는 자연과 생명을 절대적으로 존중하지를 않는다. 자연에 대한 순수한 정서나 경외스러움보다는 실용적인 활용에 더 익숙하다. 자연이나 생명이 파괴되더라도 이익을 추구할 양이면 그럴 수 있다는 게 경제 논리다. 경제인들이 요즈음 '지속 가능한(sustainable)'이라는 형용사를 자주 사용하곤 한다. 그만큼 경제 현실에서는 지속 가능하지 않은 일들이 자주 벌어진다는 반증이기도 하다. 나도 '지속 가능한'이라는 용어를 가끔 사용하기도 하고, 자주 접하기도 한다. 그러나 마음속

　　　　　　　　　인문학의 성찰이 없는 경제학은 허망하다

으로는 '지속 가능한'이란 용어를 사실상 '지탱 가능한' 정도의 의미로 인식하고 있는지도 모른다.

지탱 가능한 경제의 현실을 꾸려가기에도 절박한 사람들의 눈으로 보면 시 자체는 그다지 중요하지가 않다. 단지 시적 상상력을 차용하겠다는 의도가 깔려있을 뿐이다. 인간과 자연에 대한 성찰보다는 다분히 상업적 발상이 앞서는 게 경제 현실이다. 때로는 반생명적이고 비윤리적인 물질만능주의가 압도하는 경우도 비일비재하다. 그런 까닭에 서정시의 세계가 경제 현실을 애써 쫓아가는 일은 좋아 보이지 않는다. 그렇게 되어서는 안 된다. 자칫 야합(野合)이 될지도 모를 일이다.

시의 반향이 크면 클수록 사회가 좀 더 인간적이고, 자연친화적으로 발전할지도 모른다. 그렇다고 시를 쓰는 사람이 스스로 나서서 시가 돈이 될 것이라고 외치는 모습은 부자연스럽다. 시와 시인이 제자리를 지켜야 하는 이유다. 시인들이 능동적으로 경제 현실에 손을 내밀기보다는 시의 세계에 좀 더 충실해야 마땅하다고 본다. 냉혹한 경쟁과 경제 논리가 지배하는 사회일수록 실용보다는 좀 더 인간적이고 자연에 가까이 다가서는 미학의 느낌이 더욱 절실해진다. 그래서 차라리 우리 마음에 시가 살며시 스며들듯이 다가

오는 편이 낫다. 서정시의 울림을 크게 느끼면서도 평생 경제학자로 살아 온 나의 생각이 그러하다.

(2010년)

이제는 창조산업이다

근래에 '상상력'이 화제다. 요즘처럼 언론 매체에 '상상력'이란 단어가 자주 등장하던 때도 일찍이 없었다. 창조적 상상력, 빅 싱크, 시적 상상력 등등 온통 '상상력'을 연상시키는 단어들로 뒤덮여 있다. 창의력 DNA 키우기, 고정관념 깨부수기, 상상력 발휘하기, 다빈치처럼 생각하기, 창조적 사고 기르기 등 실전용 단어들도 범람하고 있다. 바야흐로 상상력 전성시대를 살고 있는 것이다.

상상력이 시대의 화두로 등장한 배경은 이것이 곧 경쟁력을 배양하는 원천이라는 인식이 확산되고 있는 것과 무관하지 않다. 문학이나 문화예술의 전용물이던 상상력이 비즈니스의 성패를 좌우하는 키워드로 떠오르면서 실용의 날개를 단 것이다. 막연한 상상력이 아니라 독창적인 상상력이 비즈니스 경쟁의 키워드라는 것이다. 국내외 유수기업의 CEO들도 연일 상상력을 강조하기에 여념이 없다. 그러다 보니 상상력이 그야말로 상상 이상의 대접을 받고 있는 것으로 보인다. 서점가에도 '상상력'을 내용으로 담은 서적들이 쏟아져 나오고 있다.

요즘에는 시적 상상력이 동원되기도 한다. 시(詩)를 통해서 상상력을 기르거나 발휘해 보자는 다분히 실용적인 의도에서 그러하다. 특히 서정시의 세계는 인간 본연의 모습이 잘 드러난다. 시인들은 관찰과 발견, 경탄을 통해서 인간의 욕구와 가치, 그리고 추구하고자 하는 의미를 잘 드러나게 한다. 실용적 힌트는 후자에게서 나오지만, 시적 상상력은 본래 전자에서 출발하고 있음이 분명하다. 시인들은 일반적으로 자신이 처한 상황이나 처지를 보편적인 정조(情調)나 미적인 정황으로 연결시키는 능력이 탁월하다. 시인 특유의 시적 변용력이 일반인의 상상력을 자극하는 샘이 될 수도 있다. 제품과 서비스를 찾는 사람이나 맞추려는 사람, 만들어 제공하려는 사람 모두에게 그러하다는 것이다. 비단 시적 상상력뿐이겠는가. 최근에는 미술관이나 박물관, 전시관, 공연장 등을 통해서 아이디

인문학의 성찰이 없는 경제학은 허망하다

어와 상상력을 구하는 일도 잦아졌다.

지난 세기의 후반부터 우리는 지식기반사회가 꾸준히 전개되는 모습을 지켜보았다. 그리고 지식기반경제가 강화되는 모습도 목격하였다. 그러던 와중에서 굳이 상상력이 강조되는 까닭은 과연 무엇일까.

지식은 꾸준하게 축적되는 산물이다. 객관성을 생명으로 하는 지식은 섭렵할 수도 있고 동시에 확산시킬 수도 있다. 반면에 상상력은 영감을 통한 산물이다. 주관과 창조성이 강하게 드러나는 상상력을 섭렵하기란 애당초 불가능한 일이다. 쉽게 확산되기보다는 공감하기를 기다려야 하는 편이 낫다. 때로는 동시대인들로부터 혹평을 받기도 하고, 그러다가 후대에 평가가 바뀌는 경우도 허다하다.

바로 여기에서 깨달아지는 게 있다. 지식과 기술의 축적을 넘어 21세기의 새로운 경쟁력의 원천으로 상상력과 창조적 아이디어를 발굴하고 있다는 사실이다. 축적된 지식을 기반으로 하는 것이 아닌, 상상력에 바탕을 두는 산업의 의미가 강조되는 까닭이기도 하다. 필자는 이를 창조산업이라 통칭해서 부르고 싶다. 문화가 그 전위에 서 있고, 문화산업의 중요성이 새삼 느껴진다.

디자인이나 비즈니스 모델을 통해서 창출되는 부가가치는 어마어마하다. 고객의 라이프스타일뿐 아니라 생활과 삶의 가치를 새롭게 창조한다는 의미도 있다. 융합을 통해 와해성 기술(disruptive technology)이 다양하게 생성되는 것은 분명 단선적인 기술지식의 진화와는 구별된다. 산업 패러다임을 바꾸고 비즈니스 모델의 차별화를 통해 새로운 시장을 창출한다는 의미에서 또 하나의 창조라고 할 수 있다. 창조산업의 범주에 넣을 수 있다는 의미이다. 여기서도 물론 상상력이 새로운 창조를 위한 도구로 작용한다.

초일류의 글로벌 기업들은 제품 그 자체의 기술력 못지않게 디자인 의 부가가치를 중시하는 모습이 최근 자주 눈에 뜨인다. 고객과 소비자들의 가치와 의미를 높이는 아이디어를 고안할 상상력을 강조하는 것도 바로 그러한 현상이다. 바로 여기에서 창조산업의 가능성이 제기된다. 축적된 지식을 바탕으로 하는 연속성의 기술 발전은 언제든 추격을 당할 수 있지만, 불연속의 속성을 지닌 상상력에 바탕을 둔 창조산업의 경우에는 추격이란 게 의미가 없다.

삼성이나 LG가 아르마니나 프라다와 제휴해서 TV, 휴대전화 등을 디자인하는 경우를 생각해 보자. 세계적인 디자이너가 만들어 낸 제품은 단순한 TV나 휴대전화의 기능과 개념을 넘어선다. 이때

인문학의 성찰이 없는 경제학은 허망하다

상상력은 새로운 창조를 위한 도구이다. 당연히 디자인을 통해 창출된 부가가치는 상상을 초월하는 평가와 그에 상응하는 대가를 받기 마련이다. 창조산업의 위력인 셈이다. 국내 유수의 기업 가운데는 시적 상상력과 감수성을 건축설계에 반영하기도 한다. 아이맥 컴퓨터와 아이팟(iPod), MP3의 선풍을 일으킨 애플사의 CEO인 스티브 잡스 역시 낭만주의 시인의 작품을 통해 기발하고도 창조적인 영감을 구하는 것으로 유명하다. 루이비통의 디자이너들은 박물관이나 전시관을 찾아서 아이디어를 구하곤 한다고 알려져 있다.

  21세기의 국제분업구조가 앞으로 어떻게 전개될지 궁금하다. 특히 경제활동이 역동적으로 진행되는 한·중·일 간 분업구조의 변화에 관심이 높다. 한때 중국은 가공조립형 노동집약 산업, 한국은 자본기술집약형 산업, 일본은 첨단기술형 산업 등으로 분업체계가 이어질 것으로 내다보곤 하였다. 그러나 현실은 그렇게 움직이지 않고 있다. 중국의 산업 구조가 급속히 변하고 있고, 한국 또한 첨단기술에 대한 투자를 꾸준히 늘리고 있는 것이다. 일본 역시 여러 분야에서 선두를 계속 지키기 위해 첨단기술에 대한 투자를 늘려가고 있다. 문제는 누가 더 역동적이냐 하는 것인데, 아무래도 쫓아오는 국가의 속도가 빠르다 보니 쫓기는 입장에서는 초조하다. 우리나라와 중국과의 기술력 격차가 매년 좁혀지고 있는 것이다. 앞선

나라는 이미 시장과 기술을 선점하면서 경쟁력을 지키고 있는 형국이다. 우리 입장에서 보면 샌드위치 경제의 위기론이 대두될 만도 하다. 그렇다면 과연 탈출구는 없다는 말인가?

'내 이름은 빨강'으로 잘 알려진 오르한 파묵(Orhan Pamuk)은 터키 출신 작가로, 2006년도에 노벨문학상을 수상하였다. 얼마 전에 한국을 찾은 그가 언론과의 인터뷰와 대담에서 "작가는 보이지 않는 경계와 금기를 말할 수 있어야 한다"고 강조하였다. 상상력에는 한계가 있을 수 없다는 뜻으로 해석을 하여도 무리가 없을 것이다. 그렇다면 창조에는 끝도 없고 한계도 없다는 의미가 아닌가. 창조산업의 발전을 통해 우리 경제의 혁신적 도약 가능성을 엿볼 수 있는 대목이기도 하다. 문제는 우리 산업의 전사들, 기업가와 CEO뿐 아니라 사회의 모든 구성원들이 창조의 주인공이 될 수 있느냐 하는 것이다.

(2008년)

인문학의 성찰이 없는 경제학은 허망하다

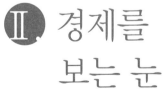

Ⅱ. 경제를
보는 눈

한국 경제의
바탕을 찾아서

:
:

세기 초의 점검

필자가 오랫동안 고개를 갸우뚱거리며 생각하던 의문 하나. 우리 경제 규모가 세계 12위까지 올라갔는데, 왜 사람들은 우리 경제의 미래에 대해 미더워하지 않을까? 우리 경제가 선진국의 문턱에서 좌절되는 것은 아닐까, 뒤쫓아 오는 중국 등 후발공업국들에 추월을 당하지는 않을까, 걱정이 이만저만이 아니다. 과연 우리 경제는 역동적인 세계경제의 흐름 속에서 소외될 것인가. 선진국 일본과 욱일승천하는 중국 경제에 끼인 채 질식하고 말 것인가. 최근에는 한국 경제의 샌드위치론이 불안한 마음을 대변해 주는 듯하다.

금년은 우리 경제가 외환위기를 겪은 지 10년째 되는 해이다. 20세기 말에 겪은 외환위기는 우리에게 여러 가지를 생각하게 할 뿐만 아니라, 앞으로의 진로에 대해서도 많은 시사점을 던져주었다. 그 중에서도 필자가 가장 중요하게 여기는 것은 우리 경제가 변화무쌍한 세계경제와 더불어 성장하고 발전할 수 있는 전략이 무엇인가 하는 문제였다.

사실 우리 경제는 1960년대 초 개발연대 당시부터 대외지향적인 경제 전략을 구사해 왔다. 그리고 이러한 전략은 결과적으로 주효해서 우리 경제가 성장하고 발전하는 데에 밑거름이 되었다. 우리 경제의 대외의존도가 높아지긴 했어도 이는 우리 경제가 그만큼 세계경제 흐름을 활용할 기회를 잘 포착했다는 의미에서 긍정적이라고 할 수 있다.

그러나 이 같은 생각은 곧 또 다른 함정에 빠질 위험이 있다는 걸 깨닫게 된다. 20세기 후반기, 경제발전에 매진할 당시 우리나라는 오랫동안 주변국과의 관계가 매우 특수하였다는 사실을 간과해서는 안 된다.

미국과는 정치, 경제, 군사적으로 매우 특수한 관계였다. 냉전

인문학의 성찰이 없는 경제학은 허망하다

시대의 산물이기는 하지만 한국과 미국은 그 가운데에서도 유별난 관계였고, 우리나라는 이러한 관계를 경제개발에 유용하게 활용하였다. 한편 일본과는 역사적인 특수 관계에 있었다. 식민지 지배국과 피식민국의 연장선상에서 해결되어야 할 문제들이 남아있었던 것이다. 외환위기이전까지 존재하던 '수입선다변화제도' 역시 따지고 보면 이러한 역사적 특수성이 반영된 잔재였다. 지금은 거대 강국으로 떠오른 중국과는 20세기 말엽까지도 이념적으로 단절되어 있었다. 한국전쟁의 상흔이 남아 있는 채로 오랜 세월 적대적인 입장에서 벗어나질 못했다. 유럽은 그저 멀고 먼 지역이었을 뿐이었다. 적어도 외환위기가 터지기 전에는 그러했다.

그러나 21세기의 여명인 지금 우리 주위를 돌아보면 20세기의 그것과는 사뭇 달라진 사실을 느끼게 된다. 미국도, 일본도, 중국도, 유럽도 한결같이 우리와 대등한 입장에서 경쟁해야 되는 상대들이다. 누구도 특수한 관계를 인정해 주려 하지 않고, 누구에게도 특수한 관계를 요구할 수 없다. 그런데 문제는 주위를 둘러싼 나라들에 비해 우리나라는 경제 규모에 있어 상대적으로 소국(小國)에 불과하다는 사실이다. 다시금 1세기 전 약소국가였던 조선이 강대국에 둘러싸여 쩔쩔매던 상황이 떠오르지 않을 수 없다.

지나고 보니, 주변의 대국들과 특수한 관계가 작용할 당시에는 오히려 쉬웠다. 주위를 크게 의식하지 않고 우리만 열심히 노력하면 어느 정도 성공을 거둘 수 있었고, 경제적인 약진이 가능하였다. 경제 규모가 지금보다 훨씬 작고 개발도상국에 머물던 시절, 선진 기술을 모방하거나 기술도입에 의존하던 추격형(fast follower, catch-up) 경제로도 충분했기 때문에 가능했던 일인지도 모른다. 그러나 지금은 사정이 다르다. 주변의 경제 강대국들과 쉼 없이 경쟁해서 생존과 번영을 확보해야 하는 것이다.

　글로벌 경제가 전개되는 이 시대에 우리의 선택은 바로 이러한 문제의식에서 시작되어야 한다고 생각한다. 게다가 우리의 경제 규모도 과거에 비해서는 덩치가 많이 커진 만큼, 경쟁상대국들의 견제도 만만치가 않다. 그러므로 과거와는 다른 전략이 필요하다. 단순히 추격형 경제에 그쳐서는 어림도 없다. 탈추격형(post catch-up)의 전략으로 나아가야 한다. 이제는 선도자(front-runner)의 길을 가지 않으면 언제든지 도전과 장애에 부딪히고 말 것이다. 그만큼 선택의 여지가 좁혀지고 있다는 의미이기도 하다.

　어떻게 하면 우리나라와 같은 소국(小國)이 주변의 경제 강대국들의 틈바구니에서 생존하고 강한 나라로 번영할 수 있을까? 벌써

　　　　　　　인문학의 성찰이 없는 경제학은 허망하다

21세기의 붉은 해는 제 모습을 다 드러냈는데, 우리 경제의 선택과 전략은 제대로 구사되고 있는지 다시 한 번 점검해 볼 일이다.

(2007년)

한국 발전이
일본의 식민 지배 덕인가?

한 · 일 관계를 생각할 때 2005년은 매우 중요한 해이다. 100년 전에 일본이 조선을 침탈하였고, 60년 전에 우리는 피식민지의 굴레에서 벗어난 해방의 역사가 있기 때문이다. 역사가 흘러가면 저마다 과거에 대한 해석이 나오기 마련이다. 일제의 침탈과 해방, 대한민국의 탄생과 빈곤의 질곡, 분단과 전쟁, 그리고 경제개발과 민주주의의 실현에 이르기까지 제각각 저마다의 해석이 있을 수 있다. 문제는 어디서부터 어디까지가 진실이고, 어디서부터 어디까지가 거짓인가이다. 또 어디서부터 어디까지가 정확한 것이고, 어디서부터 어디까지가 왜곡된 것인지도 분별해야 한다.

인문학의 성찰이 없는 경제학은 허망하다

결론부터 말하면, 일본의 식민지 정책이 한국의 근대화에 기여했다는 해석은 틀렸다. 우리는 해방 이후 전쟁에 의해 깡그리 파괴된 폐허에서 일어났다. 산업의 발전도 우리가 선택한 길을 따라 우리의 원동력으로 실현한 것이다. 해방 당시 남쪽은 경공업과 농업이 주종이었고, 북쪽은 중공업의 기반이 있었다. 그런데도 남쪽의 산업 발전은 중화학공업과 첨단산업으로 진행되었다. 식민지로 물려받은 유산과는 전혀 다른 모습이다. 일본이 한국의 조선 산업을 세계 제일로 성장하도록 기반을 다져주었을 리 만무하다. 이 나라가 세계적인 IT 강국으로 성장·발전하기를 일본이 진정 원하였는지도 물어보고 싶은 말이다.

경제발전에 관한 한 개발연대 초기부터 우리의 선택은 분명했다. '우리의 힘으로 일어서 보자.'는 것이었다. 어떻게 해서든지 경제적 약소국에서 벗어나고, 일본의 경제적 식민지를 피해 보자는 것이었다. 처음부터 한국이 외국인투자보다 차관에 더 의존했던 이유 가운데 하나도 일본인투자자들에 대한 경계심이었다. 그렇다고 해서 한국의 경제발전이 더디게 이루어진 것도 아니다. 유례없이 빠른 속도로 성장을 이룩하였다. 외국 빚을 얻어 쓴 모든 나라가 경제개발에 성공한 것은 아니다. 성장의 역동성과 고유의 다이너미즘이 성공적으로 발휘된 나라만이 가능했던 일이다. 바로 이 역동성과

다이너미즘의 발휘에 일본 식민지의 유산이 긍정적으로 작용했다는 증거는 어디에도 없다.

열악한 여건 속에서도 개발연대 이래 우리는 스스로 경제발전의 길을 기획하고 선택하였다. 자원의 동원과 배분, 차관 도입과 외국인투자의 선택, 산업진흥의 전략적 선택과 투자의 집중, 생산구조의 지속적인 변화, 세계시장의 진출과 경영, 인프라 구축, 인력 양성에 이르기까지 우리가 택한 발전방식에 의해 이룩한 것이다. 심지어는 시시각각 겪은 시행착오와 위기관리도 우리 스스로 감당하고 헤쳐 나갔다. 오죽하면 '한강의 기적'이라고 했겠는가. 기적이란 불가능하다고 여기던 일이 실제로 실현되었을 때 붙여지는 말이다. 식민지 유산에 기대었으면 결코 이루지 못할 일을 한국이 이루어 낸데 대한 대내외의 평가가 바로 '한강의 기적'이다.

제국주의 일본의 필요와 목적에 따라 설계된 피식민지 국가는 훗날을 기약하지 못했다. 그 잔재도 경제 재건에 도움이 되질 못하였다. 일본이 식민지 조선을 위해 경제를 운용했다면 모르겠으나, 일본을 위해 온갖 수탈과 착취를 일삼은 마당에 우리의 근대화에 기여했다는 논리는 억지다. 설사 식민지 시절의 부산물이 어떻든 간에 우리에게는 도움이 되지 않는 일이다. 조선의 인력과 자원을 동원

인문학의 성찰이 없는 경제학은 허망하다

해서 일본이 산업화를 이룩하고 태평양전쟁을 수행하지 않았던가. 그렇다면 오히려 조선을 발판으로 일본이 발전하였다고 해야 맞는 말이다.

 일본의 식민지 정책이 우리에게 그렇게 도움이 될 만큼 선정을 베풀었다면 어찌하여 경계하는 감정이 아직 남아 있겠는가. 식민지 초기부터 해방에 이르기까지 수백만의 백성들이 의병과 삼일항쟁과 독립운동을 통해 저항했던 까닭은 과연 무엇인가. 일본은 우리의 역동성은 물론이고 심지어는 민족의 정기마저 빼앗을 작정으로 식민지 정책을 일관했었다. 그렇다면 우리의 근대화에 도움이 될 일보다는 오히려 근대화의 싹을 억제하는 일에 더욱 힘을 썼다고 해야 바른 해석이다.

 일본이 자국의 이익을 위해 선택하고 자행한 일을 옹호하고 나선 인사들은 어리석다. 우리의 필요가 아니라 일본의 필요에 의해 선택을 강요받은 역사를 긍정하려는 자세는 어리석다. 일제 침탈 당시 우리는 변화의 와중에서 스스로의 길을 선택할 기력조차 없었던 허약한 나라였다는 사실을 한탄하는 일이 차라리 낫다. 이미 그보다 1세기 전에 서구에서 진행된 산업혁명을 제대로 인지하지 못한 채 쇄국으로 일관한 선조들의 우둔함이 한스럽다. 그 우둔함과 어리석음의 자락이 일제 침탈 1세기가 지난 뒤에도 남아있다는 게 더욱 한스러운 일이다.

(2005년)

아시아적 가치와
경제발전

　1990년대 말 한국을 비롯한 아시아 지역에서 외환위기가 확산되자 아시아적 가치(Asian Value)에 대한 회의론이 대두되기 시작하였다. 아시아의 자본주의가 경제성과 합리성에 입각한 것이 아니라, 이른바 정실 자본주의(crony capitalism)에 바탕을 두고 있다는 주장들이 주를 이루었다. 프린스턴 대학의 폴 크루그먼 교수는 공동체 중심주의와 권위주의적 위계질서가 자본주의 제도의 구축을 방해했다고 지적하면서 유교 자본주의를 비판하고 나섰다. 자본주의의 핵심인 합리주의에 배치되는 정실 자본주의가 뿌리내릴 수 있었던 토양이 바로 인간관계를 중시하는 유교 문화라는 것이다.

사실 아시아적 가치에 대한 서구의 곱지 않은 시각은 일찍부터 있어 왔다. 특히 막스 웨버 이후 동양의 종교와 사회 조직에는 발전을 저해하는 요소가 내재되어 있다는 시각이 지배적이었다. 아시아의 전근대성을 아시아 특유의 가치에 입각하여 규명하면서 막스 웨버는 이를 주자학 때문이라고 단정 짓기도 하였다.

그러나 아시아적 가치에 대한 서구의 관심이 항상 부정적이었던 것만은 아니다.

하버드대학교 역사학회는 한국이 60년 만에 경제성장을 동반한 민주주의를 완성한 것을 이스라엘의 건국과 더불어 1945년 이래 60년 동안 전 세계에서 일어난 양대 사건 중 하나라고 평가한 바 있다. 도대체 어떤 사회문화적 배경 하에서 이런 일이 가능할 수 있을까?

1970년대 이후 한국, 대만, 싱가포르 등 아시아 신흥공업국이 두각을 나타내기 시작하자 마침내 아시아적 가치에 대한 새로운 인식이 확산되기 시작하였다.

네덜란드의 사회학자인 홉스테드(Geert Hofstede)는 1980년에 한 나

인문학의 성찰이 없는 경제학은 허망하다

라의 문화적 특징을 나타내는 4차원 분석 모델을 제시하였는데, 개인주의 문화 대 집단주의 문화, 사회적 분배의 차이를 규정짓는 권력의 차이(power distance), 불확실성에 대한 회피의 정도, 남성적 문화 대 여성적 문화 등이 바로 그것이다. 그 후 그는 이를 수정하여 유교적 동력(confucian dynamism)을 추가한 5차원 모델을 완성하기에 이르렀다. 사회적 역동성을 설명할 때 유교 사회의 배경이 결코 무시할 수 없는 요소로 작용한다는 의미에서이다.

아시아적 가치에 대한 긍정적 관심이 한창 고조되던 시절에는 다양한 해석이 나오기도 하였다.

런던정경대학(London School of Economics)의 모리시마 미치오(森嶋通夫) 교수는 그의 저서인 《Why has Japan 'Succeeded'?》에서 일본의 경제발전이 공동체 정신과 충성심을 유발시키는 유교 문화적 배경하에서 가능했다고 분석하였다. 하버드대학교 교수였던 두웨이밍(杜維明)은 동양의 유교 사상이 서양의 기독교사상과 결합하여 신유교주의적 역동성을 발휘하는 원천이 되었다고 주장하기도 하였다. 정부의 권위주의 리더십을 바탕으로 서구의 시장경제 제도를 수용하고, 상부상조와 평등 원리를 수용하면서도 공산주의적 계급투쟁을 거부하였다는 것이 그의 논리다.

실제로 우리 사회의 급속한 변화 과정에서 아시아적 가치가 어떠한 역할을 수행하였는지 궁금하다. 상황이 변할 때마다 아시아적 가치에 대한 담론이 등장하지만, 긍정론과 부정론 모두 결과론적인 설명의 한계를 가진다는 아쉬움이 남는다.

개발연대의 초기에는 고루하고 낡은 유교적인 전통과 인습이 경제발전의 걸림돌이라고 간주하던 시절이 있었다. 그러나 유교 문화의 전통이 여전했던 1970, 80년대에는 이것이 발전의 촉진요인으로 작용했고, 또 그 후에는 외환위기를 발생하게 한 배경이었다는 지적도 나름대로 일리가 있다. 그렇다면 결과론적인 해석이 아니라, 변화의 흐름 속에 나타난 '문화적 문법'을 일관되게 설명할 수 있어야만 의미 부여가 가능하지 않을까?

우리는 사회문화적 조건이 바뀌지 않은 채 정체 사회에서 성공적인 개혁이 이루어졌다는 사실에 주목한다. 이는 그동안 사회가 많이 변했지만 오랜 세월에 걸쳐 형성된 한국인의 '문화적 문법'은 크게 바뀌지 않았다는 것을 전제한다. 그렇다면 변화의 소용돌이 속에서 구성원들의 행동을 지배한 정신적 질서의 성격을 어떻게 규명할 수 있을까? 여간 궁금한 일이 아닐 수 없다.

(2011년)

인문학의 성찰이 없는 경제학은 허망하다

세계화와 유교 문화

지금 우리는 점차 지구촌화되어 가는 시대에 살고 있다. 그리고 이렇게 성큼 다가오는 시대에 세계화의 기치를 높이 들고서 대비하려 한다.

그런데 우리의 의식 속에서는 이러한 새로운 흐름을 바로 받아들이려 하고 있는지 궁금하다. 아직도 마음속 깊은 데에서는 이러한 흐름과 우리 자신의 생활은 별개의 것이라고 여기고 있지나 않은가 하고 다시 생각해 보지 않을 수 없다.

그동안 여러 학자들이 경제발전과 문화적 배경은 어떠한 관계가 있는가에 대하여 많은 연구를 해왔다. 우리가 잘 아는 막스 웨버의 《프로테스탄티즘 윤리와 자본주의 정신》이라는 것이 바로 그러한 범주의 연구 가운데 하나다. 얼마 전에는 마이클 노박이라는 미국의 사회학자가 《가톨릭 윤리와 자본주의 정신》이라는 저서를 내놓은 바도 있었다.

한 가지 재미있는 사실은, 최근 아시아의 문화적 전통인 유교 사상과 경제발전 사이에는 과연 어떠한 연관이 있는가 하는 데에 많은 학자들이 관심을 갖고 있다는 점이다. 우리나라를 비롯한 아시아의 여러 나라들이 다이내믹한 경제권을 형성하면서부터의 일이다. 그래서 그런지 최근에는 연구의 초점이 경제발전을 촉진시키는 유교 문화의 요인은 과연 무엇인가 하는 데에 모아지고 있다.

많은 학자들은 유교 사회의 높은 교육열, 위계를 중시하는 질서 의식, 공동사회의 협동심, 충성심, 성실성, 그리고 안정된 중앙정부에 의한 효과적인 정책 수행 등과 같은 특성을 경제발전과 긍정적으로 연결시켜 설명하고 있다.

이러한 해석들은 나름대로 타당한 면이 없는 것은 아니지만, 그러나 부분적인 설명에 지나지 않는다. 1960년대의 경제개발 초기 우리는 고루하고 낡은 유교적인 전통과 인습 때문에 가난을 벗어나지 못했다고 여긴 적이 있었기 때문이다.

그렇다면 왜 한때 경제개발의 장애요인이라고 여기던 유교적 전통이 지금에 와서는 오히려 촉진요인으로 작용한다고 보게 되었는지를 규명할 필요가 있다. 그래야만 유교 문화적 배경을 가진 우리의 의식구조가 도래하는 새로운 시대를 대비하는 데 적합한지 아닌지를 정확하게 판단할 수 있을 것이다.

명분을 앞세우는 유교 사회는 일반적으로 의식이 열린 사회라기보다는 닫힌 사회인 경우가 더 많다. 이미 세워진 명분을 존중하고, 기존의 질서와 가치관에 집착해서 행동하는 경향이 강하다. 새로운 명분과 새로운 질서가 스며들 여지를 좀처럼 남겨두지 않는다. 이러한 사회에서는 한마디로 변화를 싫어할 뿐만 아니라, 현재 일어나고 있는 주위의 변화에도 둔감하다.

이러한 예는 우리 역사 속에서 얼마든지 찾을 수 있다. 고려 말의 무능하고 부패한 왕조를 무너뜨리고 조선 왕조가 개국했을 때 수많은 고려의 충신들이 이에 저항하였다. 조선 시대의 사색당파는 또 다른 명분 싸움의 대표적인 사례다. 19세기 말 서구에서는 벌써 한 세기 전에 끝나고 있는 산업혁명의 움직임을 우리의 선조들이 전혀 감지하지 못하고 쇄국을 고집했던 것도 같은 맥락에서 해석이 된다.

멀리 갈 것도 없다. 우리 국회에 우루과이라운드 특별위원회가 설치된 것이 우루과이라운드(UR) 협상이 이미 타결되고 난 뒤의 일이니 얼마나 변화에 둔감하고, 변화를 주저하는가를 알 수 있다.

우리 사회에 기득권이라는 말이 자주 통용되고, 이를 또한 쉽게 인정하려 드는 것도 유교 문화의 한 특성이다.

우리의 의식이 과거 사농공상(士農工商)의 명분에 집착하고 있을 때에는 사람들이 적극적으로 경제건설에 발 벗고 나서려 하지 않았다. 적어도 1960년대 초반 유교가 경제개발의 장애요인이라고 여기던 시절의 이야기다.

그러나 우리가 일을 해야만 잘살 수 있고, 잘살아야만 사람대접도 받을 수 있다고 생각이 바뀐 뒤로는 사정이 달라졌다. 명분이 한번 바뀌고 나서는 엄청난 힘을 발휘해서 이를 실현해내고 있는 것이

인문학의 성찰이 없는 경제학은 허망하다

다. 다만 명분을 바꾸는 일이 어려웠을 뿐이었다. 잘 살아보겠다고 한번 마음먹고 나서부터 유교의 문화적 전통은 그야말로 경제발전의 촉진제로 작용한 것이다.

유교 문화에서 멀리 떨어져 있을수록 명분을 바꾸는 데에 익숙하다. 반면에 유교의 본령에 가까울수록 기존의 명분에 대한 집착이 강하고, 새로운 명분을 받아들이는 데에 익숙하지 못하다.

이렇게 보면 일본이 왜 아시아 국가들 가운데에서 가장 먼저 개항하고 근대화에 나섰는가를 알 수 있다. 우리나라를 비롯한 아시아의 신흥공업국들은 1960년대 이후에야 경제개발도상에 본격적으로 나섰다. 그리고 지금 유교의 본령인 중국이 가장 뒤늦게, 그러나 무서운 기세로 뒤쫓아 오고 있는 것이다.

이제 지구촌 시대를 대비해야 하는 이 시점에서 세계화의 명분을 우리는 과연 어떻게 받아들이고 있고, 개방화의 시대를 맞는 우리의 의식 수준은 과연 어느 정도인가를 생각해 볼 필요가 있다.

공정한 경기규칙을 지키면서 남의 도움에 크게 의존하지 않고 스스로의 힘만으로 이겨나갈 수 있다는 마음가짐이라면 우리의 의식은 벌써 미래의 세계화 시대를 대비하고 있는 것이다. 반면에 항상 남의 보호 속에서 불공정한 게임으로 승리를 쟁취하는 길만이 빠르고 손쉬운 방법이라고 믿고 있다면 우리의 의식은 아직 과거에 머물러 있는 것이다.

오랫동안 유교 문화 속에서 단일민족으로 살아온 우리의 의식에는 변화를 싫어하는 정서가 있다. 새로 전개되는 개방화와 세계화의 물결에 쉽게 익숙해지지 않는 정서도 부인할 수 없다. 제도나 관행의 개혁이 필요할 때 이를 주저하는 경향도 비교적 강하다.

문화적 전통으로 미루어 보면, 우리의 세계화 비전은 마음먹기에 달려있다고도 할 수 있다. 그러나 과거의 것을 떨쳐버리고 세계화의 명분을 받아들이기 위해 마음을 정하는 일이 다른 어느 사회보다 힘든 것이 또한 우리의 문화이다.

(1996년)

인문학의 성찰이 없는 경제학은 허망하다

패러다임의 변화를
주도하는 리더십

　지금부터 십 년 전, 우리가 외환위기에 처했을 때 국외자들은 아시아적 가치를 둘러싼 담론을 마음껏 즐겼다. 그리고 한국과 아시아의 자본주의를 비웃었다. 아시아 국가의 다이너미즘을 알고 보니 실제로는 정실 자본주의(crony capitalism)에 바탕을 두고 있다는 것이다. 합리성에 입각한 자본주의가 아니라는 비아냥거림이다. 정실 자본주의가 뿌리박을 수 있었던 토양이 바로 인간관계를 중시하는 유교 문화라는 지적과 함께, 결국은 아시아적 가치(Asian Value)에 문제가 있다고 단정하곤 하였다.

아시아적 가치에 대한 관심은 이때가 처음이 아니다. 1970년대 초반 한국을 필두로 대만, 홍콩, 싱가포르 등이 신흥공업국으로 부상하던 당시, 서구 학자들은 이들 국가가 발휘하는 역동성의 원천이 무엇인가 무척 궁금해 하였다. 그리고 그 해답을 아시아적 가치에서 찾으려 하였다. 높은 교육열, 공동사회의 협동심과 집단의 생산성, 안정된 중앙정부에 의한 일관된 정책 수행 등이 다이너미즘을 발휘하게 된 배경이라고 여기곤 하였다.

사실 그 이전에는 아시아의 전근대성의 뿌리를 아시아적 가치에서 찾기도 하였다. 그 대표적인 학자가 막스 웨버다. 유교적 봉건질서가 근대국가로의 발전에 장애가 되었고, 그래서 오랜 세월 경제와 사회가 정체상태에 빠질 수밖에 없었다는 것이다.

이처럼 몇 차례 부침을 거듭해 온 아시아적 가치의 긍정적 평가나 부정적 평가 모두 결과론적이다. 하지만 사회문화적 조건이 근본적으로 바뀌지 않은 채, 한국 사회의 대변동이 이루어졌다는 사실만은 분명하다. 어떻게 그런 일이 가능했을까?

사농공상(士農工商)의 명분에 집착하던 때에는 역동성이 제대로 발휘되지 못했다. 공업과 상업보다는 선비를 중시하던 시절의 이야기이다. 가난과 정체를 벗어나지 못한 것도 공상(工商)을 마땅하게 여기지 않은 탓이다.

그러다가 공업과 상업, 과학과 기술을 장려해야 잘 살 수 있다고 생각이 바뀐 개발연대 이후에는 사정이 달라졌다. 명분이 바뀌고 나서는 엄청난 힘을 발휘한 것이다. 기어코 공업화와 수출입국을 실현하고야 말았다. 다만 명분을 바꾸는 일이 쉽지가 않았을 뿐이었고, 그래서 패러다임의 변화를 주도한 리더십이 단연 돋보이던 시기이기도 하였다.

1990년대 후반의 외환위기는 그 이전에 확립된 명분만으로는 한계에 봉착할 수밖에 없다는 해석을 가능케 한다. 개인과 사회가 수단과 방법을 가리지 않고 부를 축적하기에만 급급하였지 시스템을 생각하지 않았다. 시장경제 시스템을 소홀히 한 탓에 치명적이고도 심각한 현상들이 초래되고 말았다.

결국 그 시대를 지배한 명분에 따라 경제와 사회의 발전이 좌우되곤 하였다. 유교 문화적 전통이 지배하는 사회에서는 명분(名分)을 중시한다. 그리고 일단 명분이 세워지면 뒤따르는 행동은 매우 강렬하게 표출된다. 한국 사회의 교육열, 외환위기 당시 금 모으기 운동, 2002년 월드컵 응원 열기, 태안반도 오염제거 자원봉사 등이 그 대표적인 사례들이다. 명분이 있으면 얼마든지 신명을 낼 수 있다는 것을 강하게 시사한다.

그렇다면 21세기에는 어떤 리더십을 통해서 신명을 되찾을 것인가, 고민하지 않을 수 없다.

오랫동안 유교 문화 속에서 단일민족으로 살아온 우리의 의식 속에는 안정적인 질서를 선호하는 성향이 강하다. 개혁과 혁신이 필요할 때에도 이를 선뜻 받아들이기보다 주저하는 경향이 앞선다. 개혁의 명분을 받아들이기 위해 마음을 정하는 일이 다른 사회보다 힘든 것이 우리 문화의 특성이다. 그렇지만 일단 개혁의 필요성을 공감하고 개혁의 명분이 마음속에 자리 잡기만 한다면 우리는 무서운 속도로 변화할 수 있다. 패러다임을 바꾸기가 어렵지, 한번 바꾸면 걷잡을 수 없을 정도로 역동적이다. 그래서 패러다임의 변화를 주도하는 리더십이 매우 중요하다.

문제는 누가 나서서 패러다임의 변화를 주도하는 리더십을 발휘할 것인가이다.

인문학의 성찰이 없는 경제학은 허망하다

패러다임 빌더(paradigm builder)는 시대가 요구하는 혁신의 명분과 변화의 비전을 제대로 제시할 수 있어야 한다. 미래지향적인 명분을 확립하기 위해서는 미래에 대한 설득력 있는 혜안이 필수적이다. 구시대적 가치와 사고의 창조적 파괴를 리드할 수 있는 존재라면 그 누구도 가능하다. 다만 혁신의 명분이 자리 잡고 행동으로 나타날 때까지 인내할 줄 알고, 변화에 대한 저항에 대비할 줄도 알아야 한다. 정서적으로나 감성적으로나 논리적으로 설득력을 갖춘 사람이라야 가능하다는 의미이기도 하다.

앞으로 우리 시대의 변화와 혁신을 주도할 패러다임 빌더는 과연 누구일까? 그것을 찾으려는 노력 그 자체만으로도 우리는 의미 있는 변화의 한 가운데에 서 있는 셈이다.

(2007년)

개도국인가 선진국인가?

　우리나라는 지금 어디를 향해 달리고 있고, 어디쯤 와 있는가. 일인당 소득이 일만 불을 넘어섰으니 선진국의 문턱에 들어섰다고 볼 수도 있다.

　그러나 양(量)의 성장만 보고 우리나라를 선진국이라고 규정하기에는 아직 너무 이르다. 양의 성장도 물론 미흡하거니와 선진국이라고 하기에는 질(質)이 더욱 미흡하기 때문이다.

　선진국이 되려면 산업과 기술의 전반적인 수준, 그리고 생활의

　　　　　　　인문학의 성찰이 없는 경제학은 허망하다

질 등이 선진국에 걸맞아야 한다. 그리고 이러한 수준과 질이 스스로의 힘으로 향상될 수 있는 사회적, 제도적 시스템이 갖추어져 있어야 한다. 국민들의 의식도 이를 따를 수 있을 만큼 성숙되어 있어야 함은 물론이다.

미국이나 일본, 유럽 국가들을 선진국이라고 규정하는 데에는 아무런 의심의 여지가 없다. 선진국이 될 수 있는 요건들을 이미 갖추고 있기 때문이다.

반면에 경쟁상대국인 싱가포르는 우리나라보다 일인당 소득 수준이 훨씬 높음에도 불구하고 아직 스스로를 선진국으로 규정하기를 거부하고 있다. 대만과 홍콩의 경우도 사정은 비슷하다.

한 나라를 개도국과 선진국으로 나누는 일률적인 방식이나 기준은 없다. 세계은행에서는 일인당 GNP를 기준으로 하고 있으나, 단지 그 수준에 따라 저소득국, 중소득국, 고소득국으로 분류할 뿐이다. WTO에서는 해당 국가 스스로 개도국인지 선진국인지를 규정하는 자기 선언(self election) 방식을 채택하고 있다.

과거에는 개도국과 선진국의 구분이 뚜렷했다. 그만큼 선·후진국 간의 격차가 심하였으며, 따라서 남북(南北) 문제도 첨예하게 대립하였다. 그러나 우리나라를 비롯한 신흥공업국을 필두로 후발공업국들이 속속 등장함에 따라 선·후진국 간의 격차가 좁혀졌고, 따라서 그 구별이 과거에 비해 점차 애매해지고 있다.

최근 국제경제 질서가 남북이라는 과거의 이분법적(二分法的) 접근을 탈피하면서 전개되고 있는 것도 바로 이런 연유에서다. 우루과이라운드(UR) 협정에서도 별도로 규정된 최빈개도국만을 예외로 한 채, 여타 개도국들은 일정 기간 이후 모두 선진국과 똑같은 수준의 의무를 준수하도록 되어 있다. 다만 사안별 또는 분야별로 의무 이행의 유예기간 등이 달리 적용되고 있을 뿐이다.

1950년대 초 프랑스의 알프레드 소비(Alfred Sauvy)라는 학자가 가난한 신생독립국들을 '제3세계'라고 통칭하였다. 자본주의 선진국도 아니고 그렇다고 사회주의 계획경제에 속하지도 않는 빈곤하고 미미한 존재, 그러나 무엇인가가 되고 싶은 제3의 세계가 있다는 뜻이었다.

OECD의 가입을 앞두고 우리나라는 과연 스스로를 어디쯤에 자리매김해야 하는지 고민하지 않을 수 없다. 아직 선진국이라고 규

인문학의 성찰이 없는 경제학은 허망하다

정하기에는 미흡하고, 그렇다고 단순히 개도국이라고 하면서 안주할 수도 없는 것이 현실이다.

개도국에서 출발해서 선진국의 한계에 서 있는 제3의 그룹, 이를테면 선발개도국(advanced developing country)이나 또는 선진도상국(advancing country)이라고 규정해 보는 것은 어떨까. 스스로에 대한 정체성(正體性)을 찾아 정확한 자리매김을 하고 나서야 우리나라가 수행할 수 있는 역할과 의무를 제대로 찾을 수 있을 것이다.

(1996년)

시장경제와 민주주의

　외환위기로 초래된 IMF 구제금융의 현실은 우리 경제에 대해서 많은 것을 생각하게 한다. 고도성장을 이룩해 온 우리나라가 과연 이의 근간이 되는 시장경제를 건실하게 구축하여 왔는가 하는 점도 그 가운데 하나이다.

　시장경제는 지금까지 인류가 고안해 낸 가장 효율적인 체제이다. 그만큼 경제의 운용 성과에 있어 탁월한 면이 있다. 오늘날 지구상에서 선진국으로 인정받는 국가들은 대부분 시장경제를 신봉하는 나라들이다. 아무리 경제가 빠르게 발전하더라도 시장경제를 중시

하지 않으면 경제발전의 성과를 오래 유지할 수 없다. 경제가 효율적인 시스템으로 작동하지 못하기 때문이다

한강의 기적을 실현한 우리 경제도 결국은 시장경제의 부실함 때문에 위기에 봉착하고 말았다.

기업가들은 시장경쟁의 효율성을 외면하였고, 소비자들은 합리적이지 못하였다. 금융시장의 시스템이 제대로 작동하지 못함으로써 금융 산업 그 자체뿐 아니라 우리 경제 전반의 경쟁력을 취약하게 하고 말았다. 정부는 시장기능의 활성화보다 규제와 개입에 익숙해져 있었다. 위기는 갑자기 들이닥친 것이 아니라, 우리 경제에 이미 내재되어 있었다.

우리가 경제위기를 헤쳐 나가는 길은 건실한 시장경제를 구축하는 일에서부터 시작되어야 한다. 우선 시장에 참여하는 경제주체들이 지켜야 할 공정한 시장경쟁 질서의 확립이 절실하다. 그리고 합리적으로 행동하는 시장참여자들의 역할이 중요하다는 인식도 전제되어야 한다.

기업은 경쟁력 있는 재화와 용역을 생산해 내야만 생존할 수가 있

다. 그런데 바로 그 기업의 경쟁력은 시장에서의 경쟁을 통해서만 얻어진다. 시장경쟁을 통해 기업 활동의 효율이 높아지면 시장 전체에서 자원배분의 효율도 따라서 높아지게 될 것이다. 이러한 시장의 성과를 보장하기 위해 정부는 공정한 시장경쟁 질서의 확립에 힘써야 한다. 개입을 가능한 한 줄이고, 경쟁질서의 정착을 위한 규칙의 설정자와 감독자로서의 역할을 수행하는 것이 바람직하다.

시장경제가 건실하게 발달하려면 소비도 합리적으로 이루어져야 한다. 소비자의 선택이 합리적일수록 기업은 그러한 수요에 맞는 제품을 만들어 경쟁하려 할 것이다. 자연히 소비자들은 값싸고 질 좋은 제품을 소비할 수 있으므로, 그만큼 소비를 통해서 얻는 행복과 만족감도 커질 수밖에 없는 일이다. 소비자들이 만일 합리적이지 않으면 기업은 품질은 아랑곳하지 않고 한정된 자원을 값비싼 제품을 만들어내는 데에 쓰려 할 것이다. 그렇게 되면 시장의 성과는 이미 실패한 것이나 다름이 없다.

이렇게 보면, 시장성과에 대한 책임은 공정한 시장 질서를 확립하느냐의 여부와 시장참여자들의 합리적인 행동 여하에 따라 좌우된다고 할 수 있다. 바로 그러한 면에서 시장경제는 민주주의와 공통점을 지니고 있다. 공정한 경쟁 질서에 입각한 시장참여자들의

인문학의 성찰이 없는 경제학은 허망하다

합리적인 행동과 결정에 의해서만 제도의 성과를 최고로 유지할 수 있다는 점에서 그러하다. 뿐만 아니라, 모든 행위와 결과의 책임은 시장참여자 스스로가 져야 한다는 점에서도 그러하다. 시장경제가 민주주의와 더불어 발달할 수밖에 없는 이유가 바로 여기에 있다.

(1998년)

．
．

올해도 경제 예측이
빗나갔으면

어려웠던 한 해가 지나가고 새해가 밝아오면서 우리 경제에 희망적인 요소는 없는지 궁금하다. 지난해 말부터 새해 경제가 그리 낙관적이지 못하다는 전망이 잇따라 나온 터라 기대가 그리 크지는 않다. 그러나 다행스러운 것은 경제 예측기관들이 내놓는 전망치가 매년 그대로 들어맞을 때보다 어긋날 때가 더 많다는 사실이다. 제발 새해 경제는 경제 예측기관들이 비난의 화살을 맞더라도 전망치와 좀 달라졌으면 하는 마음이 간절하다.

사실 경제 예측이나 전망은 경제학의 기본적인 기능이다. 경제

인문학의 성찰이 없는 경제학은 허망하다

이론의 목적은 경제 현상을 분석하고 미래를 예측하는 데에 있다고 하여도 과언이 아니다. 여러 경제 현상 사이의 인과관계를 설명하고 경제 현상들의 변화를 예측하고자 하는 것이다. 이를 위해 가정(assumption)을 세우고, 모형(model)을 설정하며, 이를 검증(test)하는 작업을 반복한다. 현상을 분석하고 미래를 예측하는 능력이 있어야 경제 문제의 해결을 위한 대책 수립이 가능하기 때문이다. 정부의 경제 대책뿐만 아니라 기업의 입장에서도 경영전략을 마련하는 데에 경제 예측은 필수적이다. 전망과 예측이 부정확하면 대책과 전략이 정반대로 나올 수도 있는 것이기 때문이다.

문제는 앞에서도 고백했듯이 경제학자들이나 전문가들이 대거 참가하는 경제 예측기관들이 내놓은 전망치의 정확도가 그리 높지 못하다는 점이다. '전망 따로 실적 따로'의 실상은 비단 어제오늘의 일이 아니다. 경제 전망과 실적의 괴리는 매년 반복된다. 그나마도 정확하지 못한 전망치가 전망기관 간에 서로 비슷한 추세를 보인다는 데에 더 큰 문제가 있다.

왜 그럴까? 다음 몇 가지의 이유를 생각해 볼 수 있다.

첫째, 아무리 이론과 예측 모형이 정교해도 경기추세의 반전 예측이 쉽지 않다는 점이다. 전망자들 대부분이 같은 추세 속에서 진행되는 경기 둔화 또는 가속 등은 어느 정도 예측을 할 수 있지만, 추세가 반전되는 경우에는 예측에 어려움을 겪곤 한다.

둘째, 단기적인 경기의 흐름을 지나치게 교과서적으로 해석한 데에도 문제가 있다. 일반적으로 경제학자들이 교과서적으로 내세우는 가설은 합리적 기대에 근거하고 있으나, 경제 이론이 예측하는 데 동원된 합리적 기대와 시장참여자들의 합리성과는 괴리가 있을 수 있기 마련이다.

셋째, 경기전망 자체가 경제주체들의 행동에 심리적으로 영향을 미치게 되어 결과에 영향을 미칠 수도 있다. 예를 들면, 경기가 부진해질 것이라는 전망을 내놓으면 기업들이 이에 맞추어 설비투자를 축소시킴으로써 그렇지 않을 수도 있던 경기부진이 현실적으로 실현되기도 한다는 것이다.

경기의 전망이나 예측이 부정확하다면, 이를 정확하게 독해하는 일이 중요할 수밖에 없다.

우선 전망기관의 입장을 생각해서 전망 내용을 받아들일 필요가 있다. 정부나 정부기관의 전망치는 민간연구기관에 비해 상대적으로 낙관적인 경향이 있다. 반면에 민간연구기관들은 정부가 긴축으로 대응하지 않을까 하는 우려와 경기부양의 기대감 속에서 상대적으로 비관적인 전망치를 제시한다. 한편 정부기관에서는 민간연구기관들이 내놓은 전망치가 경제주체들에게 지나친 심리적 위축을 불러일으킬까봐 우려하는 경향이 없지 않다.

대체로 경기에 대한 예측은 경기에 영향을 미칠 각 변수에 대한 예측과 가정이 선행되어야 한다. 그런데 변수들의 파악 자체가 어려울 뿐 아니라 각 변수마다의 그 움직임과 이에 따른 파장을 예측하기가 쉽지 않다. 비록 성장률 등의 전망치가 실적치와 근사치로 접근한 경우라도 전망 모형의 변수에 대한 예상이 실제 상황과 크게 어긋나 있다면 전망이 정확했다고 볼 수 없다. 따라서 단순히 전망치만을 받아들이지 말고, 전망의 근거가 무엇인지를 살펴볼 필요가 있다.

기존에 설정한 변수 이외의 돌발적인 변수가 발생할 가능성을 사전에 예측하기가 불가능하다는 점도 감안해야 한다. 게다가 경제 현상은 이론적으로 모형화할 만큼 단순하기보다는 심리적, 사회적, 구조적, 문화적 요인이 얽히고설킨 복잡한 인과관계의 결과로 나타나기 마련이라는 점도 감안할 필요가 있다.

  따라서 모델에 의한 전망치에 너무 의존하기보다는 실물경제 동
향을 주시하는 일을 게을리 하지 말아야 한다. 아무리 정교하다 하
더라도 모형에 의한 예측에는 한계가 있다. 때로는 실물경제의 동
향이나 경제주체들의 동향을 주의 깊게 파악하는 일이 더 효과적일
수 있는 것이다.

(2005년)

인문학의 성찰이 없는 경제학은 허망하다

시간 선점이
경쟁력 창출의 원천이다

　당대 최고의 작가로 우뚝 선 김훈이 최근 한 강연에서 시간의 신비로움을 이야기하였다. 시간이 놀라운 모습으로 생명 속으로 흘러들고 있다는 내용이다. 여름에 읽은 《남한산성》의 줄거리가 새삼 떠오른다. 앨빈 토플러가 《부의 미래》에서 경쟁력의 원천으로 시간의 중요성을 강조한 대목도 함께 떠오른다. 동서양의 작가와 학자가 이 시대에 우연치 않게 '시간'을 화두로 던진 까닭은 과연 무엇일까?

　20세기의 끝 무렵인 1991년, 세계은행은 《World Development Report》를 통해 재미있는 내용을 발표한 적이 있다. 경제발전의 초기에 한 나라의 경제가 도약단계에 이르러 소득수준이 두 배가 되는 기간을 비교한 통계 자료이다. 산업혁명의 발상지인 영국과, 미국, 일본, 브라질, 한국, 중국 등 상대적 후발국들이 비교 대상인데 각각 58년, 47년, 34년, 18년, 11년, 10년이 걸렸다.

뒤로 갈수록 경제발전의 초기에 소득이 두 배로 늘어난 기간이 짧다. 그만큼 후발국들이 선진국을 추격하는 속도가 빨라진다는 것을 의미한다. 후발국들의 역동성이 돋보이는 대목이다.

그렇다면 뒤쫓아 가는 일은 좀 수월한 편이란 말인데, 왜 그럴까? 그 이유가 흥미롭다. 늦게 출발한 국가들은 선진국이 창출하거나 축적한 것을 풍부하게 누릴 수 있다는 점에서 그러하다. 게다가 과학기술, 자본, 설비 등을 스스로 해결했던 산업혁명 초기의 영국에 비해 후발국들은 해외를 통해 이러한 애로를 해결했기에 가능한 일이다. 이른바 후발국의 이점이다. 심지어 경영자원까지 효과적으로 도입한 나라는 기술이나 자본을 개별적으로 도입하던 나라에 비해 발전과정이 훨씬 단축될 수 있었다.

어쨌든 20세기까지는 후발자의 이점(advantage of latecomer)이 확실히 돋보였다. 추격의 나침반을 보며 뒤쫓아 가는 일은 그래도 수월

인문학의 성찰이 없는 경제학은 허망하다

하다. 다른 나라의 경험을 전수받을 수 있고 시행착오를 미리 피할 수도 있다. 산업혁명의 연장선상에서 수확체감의 법칙이 작용하는 한, 얼마든지 선발자와의 격차를 줄여나갈 수 있다. 국민적 에너지를 총동원하여 압축 성장을 구가하던 시절의 우리 이야기이기도 하고, 이를 따르는 많은 국가의 이야기이기도 하다.

그러나 21세기에 들어서는 사정이 달라졌다. 후발자의 이점보다는 선발자의 이점(advantage of front-runner)이 확연히 드러나는 시대가 도래한 것이다. 산업 패러다임이 바뀌고, 수확체감이 아니라 수확체증의 법칙이 작용하면서의 일이다. 디지털 경제와 융합기술의 혁명으로 초래된 일이기도 하다. 많은 나라가 세계표준의 선점에 경쟁적으로 나서는 것도 바로 이 선발자의 이점을 구현하기 위한 전략의 하나다.

언뜻 보면 BRICs를 비롯한 후발국들의 약진이 돋보이는 것 같아도, 사실은 그렇지가 않다. 역동적인 후발국일수록 추격하는 데에서 머물 나라는 하나도 없다. 어느 분야에서건 선발자의 위치를 차지하지 못하면 영원히 후발국을 면하지 못한다. 선발자의 이점이 강조될수록 추격이 쉽지 않을 뿐더러 반대로 격차가 더 벌어질 가능성이 크다.

그렇다면 과연 우리에게 돌파구는 없는 것인가? 선발자의 이점을 누리려면 시간을 먼저 잡는 일이 긴요하다. 인재 양성, 기술개발, 지식창출, 문화 창조, 국가 및 기업 경영의 혁신을 남보다, 다른 나라보다 먼저 서두르자는 것이다. 21세기의 패러다임을 선도적으로 형성해 나가자는 의미이다. 앨빈 토플러가 강조했듯이, 시간은 이제 경쟁력을 창출하는 중요한 원천 가운데 하나이다. 뒤따라가는 방식으로는 결코 선진국에 도달할 수 없다. 후발국의 이점만으로는 선진국을 앞지를 수 없을 뿐만 아니라 격차를 좁힐 수도 없다.

그러나 앞선다는 것은 쉽지 않은 일이다. 나침반을 스스로 만들어야 하는 입장에서는 어떤 길을 가더라도 확실하지가 않다. 한 치 앞이 안 보이는데도 선발자의 이점을 선점하려는 경쟁은 치열하다. 사방에서 보이지 않는 견제도 들어온다. 시장에서의 단순한 경쟁이 아니라 잠재적 라이벌에 대한 견제다. 경제규모가 커갈수록, 글로벌 기업으로 위상이 오를수록 탄탄대로보다는 장애물을 각오해야 한다.

금년에 우리나라는 1인당 소득 2만 달러의 시대를 맞는다. 선진국의 문턱쯤 왔을까 하고 한숨 돌려보지만 아직 갈 길은 멀다. 4만 달러 이상의 소득수준은 되어야 선진국 명함을 내밀 수 있고, 최선진국들은 이미 7만 달러 시대를 열었다.

 분명한 것은 앞서지 않고서는 '선진'이라고 말할 수 없다는 사실이다. 여기서 우리의 선택이 남았다. 새로운 패러다임의 리더로 자리를 잡을 것인가, 아니면 후발국의 선두주자로 자리매김하고 이대로 머물 것인가. 그러나 다시 한 번 생각해 보자. 고지가 바로 저긴데, 예서 말 수는 없는 일 아닌가.

(2007년)

가본 적 없는 길을 찾아야
창조경제 구현된다´

근래에 '창조경제'가 화제다. 새로 출범한 정부가 '창조경제'를 정책 기조로 삼으면서 이 시대의 화두로 등장하였다. 하지만 많은 사람들에게 '창조경제'의 의미가 잘 다가오지 않는다는 것이 문제다. 창조경제라는 용어 자체가 손에 잡히는 개념이 아니어서 막연한 것도 사실이다. 그러다 보니 의견이 분분하고 백가쟁명(百家爭鳴)의 토론이 이루어지기도 한다.

그러나 한편으론 이왕 '창조경제'라 했으니 그 개념을 성급히 정의하기보다는 깊은 고찰을 통해 새로운 의미를 만들어가는 것이 더 중

인문학의 성찰이 없는 경제학은 허망하다

요하다는 생각을 해 본다. 창조경제 그 자체를 정의하기보다 창조경제가 이루어지는 과정을 머릿속에 그려보는 것이 더 의미가 있을 것이다. 다시 말해 창조경제는 뭔가 '다른' 맥락에서 봐야 한다는 생각이다.

이젠 창조경제라는 화두에 걸맞은 패러다임 변화가 필요하다. 창조경제는 이제껏 누구도 가보지 않은 길을 찾아 나서야만 구현될 수 있다는 인식에서 출발해 보자는 것이다.

이를 위해 먼저 정부가 해서는 안 되는 일부터 생각해 보자.

우선 창조경제에 대한 정의를 서둘러선 곤란하다. 일단 정의가 내려지면 그 틀에 맞추어 계획이 수립되고 정책적 노력이 집중될 것이며, 그 틀 속에서 성과를 평가하려 들 것이다. 하지만 이처럼 이미 익숙한 방식으로 접근하면 창조경제는 그 실현 과정에서 한계에 부딪힐 가능성이 높다.

같은 맥락에서 창조경제에 대한 로드맵 작성에 특히 신중해야 한다. 로드맵은 이미 가본 적이 있거나 보이는 길을 찾아가는 데 유용하다. 창조경제를 구현하는 데 필수적인 융합기술 혁명은 다양한 요소들이 끊임없이 결합하면서 예상하지 못한 방향과 수준으로 진화하는 과정의 연속이다. 기존 패러다임에 기대어 로드맵을 작성하고 정책을 추진한다면 융합을 제대로 촉진하지 못하는 결과를 초래할 수 있다.

창조경제를 구현해 나가는 과정에서 정의를 내리는 일도, 로드맵을 작성하는 일도 하지 말라면 도대체 무엇을 해야 한다는 말인가. 결론부터 말하면 기술과 산업의 융합이 자연스럽게 이루어지도록 여건과 환경을 조성하는 일이 가장 절실한 과제다.

로드맵에 의지하지 않고 '창조경제'라는 넝쿨을 키우겠다는 마음으로 시작해야 한다. 포도나무나 등나무, 담쟁이 넝쿨처럼 자유롭게 뻗어나가는 형상이 바람직하다. 융합 신기술의 산업과 제품들이 넝쿨처럼 뻗어나가도록 튼튼한 지지대를 마련하는 일이 긴요하다. 이를 뒷받침하려면 과거 정책의 연장선이 아닌 새로운 접근이 필요하다. 이를 위해선 우선 먼저 깨야 할 틀이 무엇인가부터 점검해야 한다. 창조경제의 생태계에서 기술과 산업의 자유로운 융합 발전을 방해하는 기존의 제도와 정책, 관행들을 과감하게 혁파해야 한다.

또한 여전히 존재하는 부처 간, 부처 내 칸막이를 제거할 수 있는

인문학의 성찰이 없는 경제학은 허망하다

방도를 찾는 일도 시급한 과제다. 융합된 성과를 기대한다면 융합된 정부가 요구된다. 그러려면 무엇보다 정부 내 협업이 잘 이뤄져야 한다. 모든 부처와 부서가 주연의 역할만 고집하지 않고 조연 역할도 기꺼이 맡아 할 의지가 있다면 얼마든지 가능한 일이다. 조연의 역할을 도맡은 부처와 부서를 정당하게 평가하는 시스템을 갖춘다면 효과가 있을 것이다.

창조경제 시대에는 로드맵에 의한 '경로 의존성'에서 벗어나 '경로 개방성'이 요구된다. 기존의 산업정책에서는 익숙하지 않은 방식이다. 산업융합 정책은 그 방향을 예측하기보다 사회발전 방향을 설정하고 경제사회적 요구를 탐색하는 데에서 출발하는 것이 바람직하다. 그리고 이러한 분위기를 주도할 경제주체, 특히 기업들 스스로 창조경제를 이끌어 나가도록 하는 것이 가장 효과적일 수 있다.

기술과 산업의 융합을 통한 창조경제의 구현을 위해서는 결국 '가본 적 없는 길을 찾아 나서야 한다.'는 인식이 전제되어야 한다. 융합이라는 현상은 그 자체가 기존의 틀을 벗어난 새로운 패러다임이다. 그러므로 기술과 산업의 융합을 촉진하는 정책 또한 기존의 산업정책과 같은 틀을 그대로 적용해서는 안 되는 것이다.

(2013년)

세계와 소통하는
한국 경제

GATT 50년, WTO 3년

　금년은 GATT, 즉 관세와 무역에 관한 일반협정을 근간으로 한 다자간 무역체제가 출범한 지 50주년이 되는 해이다. 1948년 1월 발효된 이래 GATT는 47년 동안 국제무역을 관장해 왔으며, 1995년부터는 우루과이라운드(UR)의 결과에 따라 더욱 강화된 형태의 세계무역기구(WTO)가 창설되었다.

　지난 반세기 동안 세계무역은 GATT와 WTO를 중심으로 한 다자간 무역체제 하에서 16배나 증가하였다. 그리고 이에 힘입어 세계 총생산량도 여섯 배 가까이 증가하였다. 과거 50년은 과연 인류 역사상 가장 빠른 성장을 이룩할 수 있었던 시기로 기록될 만하다.

GATT의 탄생 배경은 대공황에 대한 반성에서 비롯된다. 보호무역주의의 확산과 무역전쟁의 발발, 그리고 이로 인한 세계경제의 후퇴를 방지하자는 것이 주된 목적이었다. 이러한 점에서 보면 GATT 체제 50년은 성공적이라고 말할 수 있다. 전후 세계경제의 빠른 성장과 경제세계화의 진전은 세계무역질서를 개방된 체제로 선도하고, 이러한 바탕 위에서 국가 간의 교역 환경을 안정되게 이끌어 온 다자간 체제의 역할에 힘입은 바가 크다고 하여도 과언이 아니다.

GATT는 지난 50년 동안 여덟 차례의 협상 라운드를 통해 자유무역체제를 공고히 해왔다. 그리고 WTO 체제의 출범 이후 지난 3년간 세계경제는 공산품의 교역뿐 아니라 농업, 서비스, 지적재산권, 분쟁해결 등의 여러 분야에서 강화된 규범으로 인해 유례없는 환경 변화를 겪었다.

21세기를 앞둔 지금 WTO는 GATT의 승계자로서 경제세계화의 중심에 서 있다. 바로 그런 의미에서 WTO 체제는 지금까지의 경험과는 또 다른 과제를 안고 있다고 할 수 있다. 앞으로 전개될 밀

인문학의 성찰이 없는 경제학은 허망하다

레니엄 라운드의 과제인 셈이다.

　무엇보다도 먼저 무역의 역할과 개념이 바뀌고 있는 데에 따른 과제를 들 수 있다. 오늘날 무역은 세계시장의 통합과 경제세계화를 실현하는 원동력이라는 점에서 단순히 국가 간의 교역이라는 차원을 넘어선다. WTO를 중심으로 하는 다자간 무역체제가 세계경제 통합을 촉진시키는 촉매 역할을 하고 있는 것이다. 그런 만큼 앞으로 WTO 체제가 포괄해 나가야 하는 범위도 투자, 경쟁정책, 환경, 전자상거래, 정부조달과 부패 등으로 전통적인 무역규범을 넘어서고 있다. 자연히 국제규범과 국가관할권의 조화 문제가 선결과제로 대두될 수밖에 없게 되었다.

　이 밖에도 WTO 체제는 해결해 나가야 할 현안 과제를 많이 안고 있다. 날로 확산되는 지역주의 움직임과의 조화 문제, 무역 및 투자 자유화에 따른 이익과 비용의 회원국 간 분담 문제, 중국과 러시아 등 현재 가입 협상이 진행 중인 30여 개국이 적정한 조건하에 WTO 체제의 일원으로 참여하는 문제 등이 바로 그것이다.

　경제개발의 초기 이래 무역을 통해 성장과 발전을 이룩해 온 우리나라는 어떤 의미에서 자유무역체제의 최대 수혜국 가운데 하나였다고 말할 수 있다. 그리고 우리는 지금 과거의 경험과는 또 다른 차원에서 전개되는 무역과 투자 자유화의 움직임과 경제세계화의 흐름을 제대로 파악하고 대응해야 하는 시점에 서 있는 것이다. 우리가 GATT 50년과 WTO의 지난 3년을 되짚어 보는 이유가 바로 여기에 있다.

(1998년)

인문학의 성찰이 없는 경제학은 허망하다

변곡점에 선 세계경제

2011년 8월 초 S&P가 미국의 신용등급을 강등한 사실이 예사롭지 않아 보인다. 일부에서는 미국 경기가 다시 침체국면에 빠지는 더블 딥에 직면했을 뿐인데 S&P가 가혹한 조치를 취하였다고 생각하기도 한다. 또 한편에서는 국채 한도의 설정을 둘러싸고 여야가 힘겨루기를 좀 했기로서니 펀더멘털이 견실하고 영향력이 막강한 미국 경제에 대한 신용등급 강등은 지나쳤다는 볼멘소리도 들린다.

그러나 문제는 미국 경제의 모습이 예전 같지가 않다는 점이다. 최근 요동치는 국내외 금융시장의 불안정성은 다분히 심리적 공황 때문이지만, 심리적 공황이 발생한 근본 원인이 그 어느 때보다 크게 작용하고 있다는 점을 유념할 필요가 있다. 지금 전개되는 국면을 그냥 지나가는 일(passing event)로 치부할 수만은 없는 이유다.

조금 조심스럽기는 하지만, 아무래도 달러화를 기축통화로 한 미국의 경제적 패권 지위가 서서히 무너지는 국면이 아닌가 하는 생각이 든다. 사실 1944년 이래 지속된 브레턴우즈 체제의 균열은 이미 예견되어 왔다. 지금의 국제통화체제를 설계할 당시에 케인즈는 특정 통화를 기축통화로 하는 것을 경계하였다. 달러 유동성이 너무 적어도 탈, 너무 많아도 탈이라는 트리핀의 딜레마(Triffin's Dilemma)를 앞서 내다본 게 바로 케인즈다. 이제 그러한 우려가 비로소 현실화되고 있고, 65년 이상 지속된 체제는 그 한계를 드러내는 상황이다.

미국이 막강한 경제력을 배경으로 달러를 공급하는 이른바 세뇨리지 효과(Seigniorage Effect)의 부작용도 지적하지 않을 수 없다. 미국은 그동안 통화발행을 통해 별다른 코스트를 지불하지 않고 해외로부터 실물자산을 취득할 수 있었다. 기축통화국으로서의 이익을 챙겨온 셈이다. 미국이 슈퍼 파워 지위를 유지하고 있을 때에는 그런 대로 문제가 없었으나, 저물고 있는 제국(empire in twilight)의 국면에

인문학의 성찰이 없는 경제학은 허망하다

들어서면 잠재된 문제들이 한꺼번에 노출되기 마련이다. 작금의 미국 발 경제위기는 결국 40여 년간 누적된 쌍둥이 적자, 즉 재정적자와 무역적자가 초래한 것이다. 국제신용평가사의 미국 신용평가 강등은 시간 문제였을 뿐, 필연적인 결과로 볼 수밖에 없다.

장차 미국 경제의 영향력은 현저하게 감소할 것으로 전망된다. 국가신용등급의 강등이 단지 상징적인 것에 불과하지만은 않다는 의미다. 조지프 나이 하버드대 교수를 비롯한 일군의 학자와 전문가들은 여전히 미국의 슈퍼 파워 지위를 낙관한다. 그러나 미국 경제의 구조적 문제점이 새로운 활로를 찾지 못한 채 그대로 노출된 현 상황을 주목할 필요가 있다. 한 나라의 경제는 현재 위상(current status)이 어떠한가보다 추세(trend)가 어떻게 진행되는지가 더 중요하다는 관점에서 볼 때, 미국 경제의 문제는 심각하다고 말할 수밖에 없다. 무엇보다 돌파구 마련을 위한 선택의 폭이 전에 없이 좁아 보인다는 게 결정적인 문제다.

과거에는 선진국 간 불균형이 세계경제의 주된 이슈였다면 지금은 선진국과 신흥국 간 불균형이 심각한 상황이다. 선진국과 신흥국 간의 불균형 문제는 선진국 간의 문제보다 국제공조가 상대적으로 쉽지 않다. 그만큼 문제 해결이 복잡하고 어려워졌다는 의미다.

세계경제의 기관차 역할을 할 만한 나라가 없다는 것도 문제다. 국가신용이 평가 절하된 미국, 주변 국가의 부도 위기 확산에 발목이 잡혀 있는 독일, 20년째 잃어버린 경제를 되찾지 못하는 일본 등 어디를 보아도 세계경제를 견인해 나갈 만큼 건강하고 견실한 나라가 보이질 않는다. 중국에 기댈 만도 하지만, 중국정부는 인플레이션 차단에 정책의 최우선순위를 두고 있기 때문에 크게 기대하기 어렵다.

지금 상황은 점점 영향력을 잃어가는 경제(declining economies)와 새로 떠오르는 경제(rising economies) 간에 순조로운 파워 시프트가 이루어지지 않은 채 구체제 하에서 겪는 진통이다. 따라서 앞으로도 여진이 계속될 가능성이 크다. 일부에서는 포스트 아메리카(post-America)에 대한 국제사회의 준비가 덜 되었다는 이유로 미국의 슈퍼파워 지위가 당분간 흔들리지 않을 것이라고들 하지만, 이는 또 한편으로 위기 국면의 지속을 의미할 뿐이다.

세계경제의 불안정성이 지속되면 새로운 질서와 역할을 자임하는 국가가 출현하기 마련이다. 아무래도 중국의 역할이 주목된다. 물론 중국이 앞장서서 세계경제의 판을 주도적으로 바꾸기에는 아직 역부족이기에 당분간은 도광양회(韜光養晦)가 불가피할 전망이다.

그러나 '이미 손아귀에 들어온 새를 어떻게 요리할까.' 궁리 중일지도 모른다고 한다면 지나친 비약일까? 아마도 지금 중국은 미래의 중심국가로서 중화경제 형성을 위한 질서 재편에 대비하고 있다고 보는 게 정답일 것 같다. 문제는 얼마나 값을 치르고 그 자리에 등극하느냐 인데, 세계경제의 경영권에 대한 프리미엄을 지불할 의지가 있고, 여건이 어느 정도 갖추어지면 불가능한 일만은 아니라고 본다. 우리는 지금 세계경제의 판이 바뀌는 지각 변동을 목격하고 있는 중인지도 모른다.

(2011년)

표준이 뜨는 시대

　지금으로부터 30여 년 전, 필자가 해군 장교로 복무하던 젊은 시절의 일이다. 당시에 필자는 보급 장교였다. 보급 장교의 임무는 여러 가지였지만, 그중에서도 가장 중요한 역할은 함정의 부품을 제대로 조달하는 일이다. 그래서 자주 들렀던 곳이 군수지원사령부였다. 친하게 지내던 선배 장교가 근무하던 곳이기도 한데, 그 선배는 사령부의 '표준규격과'라는 부서에서 일하고 있었다. 좀 우직하긴 했지만, 부지런하고 성실했던 그 선배는 필자가 전역한 후에도 상당 기간 같은 부서에서 근무를 계속하였다.

　인문학의 성찰이 없는 경제학은 허망하다

그 선배 장교와 나는 상당히 가까운 사이였다. 그러나 그 선배가 근무하던 표준규격과라는 부서는 좀처럼 나에게 가까이 다가오지를 않았다. 도대체 표준규격과라는 데가 무슨 일을 하는 곳일까? 궁금하기는 했지만 별 관심을 두지는 않았다. 물론 그 선배 장교가 그렇게 중요한 일을 하고 있다고 생각하지 않았다는 뜻이기도 하였다. 그러나 그는 주위에 아랑곳하지 않고 언제나 자기 일에 열중하곤 하였다.

전역 이후 필자는 산업연구원(KIET)에서 무역·통상과 경쟁정책 분야의 연구를 계속해 왔다. 말하자면 경제전문가로 일한 셈이다. 그럼에도 불구하고 오랫동안 표준의 중요성을 정확하게 깨닫지 못하고 있었다. 그저 '생산비를 절감하기 위한 규격생산의 수단'이구나 하는 정도로 어렴풋이 파악할 따름이었다. 사실이 그러하기도 하였다. 아마 선배 장교가 우직하게 자기 업무를 충실히 수행하고 있을 당시에는 그러했을 것이라는 의미이다.

그러다 우루과이라운드가 한창 진행되면서 새로운 사실이 드러나게 되었다. 세계 각국이 기술표준을 '무역장벽의 한 수단'으로 활용하기에 이른 것이다. 국가마다 제각각 제품의 기술명세를 정한다면 국제무역에 또 하나의 장애가 생길 수밖에 없는 일이다. 그런 연유로 WTO 체제가 출범할 때 무역에 관한 기술 장벽(Technical Barriers to Trade) 협정이 맺어지기도 하였다.

그러던 기술표준이 최근 다시 강조되고 있는 것은 또 다른 이유가 있다. '시장 지배의 수단'으로 변모해 가고 있는 것이다. 하나의 국제표준이 세계시장을 지배하는 세상이 왔다. 그러한 원칙이 기술집약적인 제품을 중심으로 점차 확산되고 있는 게 사실이다.

단순히 세계가 하나의 표준으로 통용되는 이른바 글로벌 스탠더드 시대에 돌입했기 때문만은 아니다. 시장에서 표준을 선점해야 살아남는다는 생존게임(의)으로서의 의미가 강하다. 특히 IT 및 디지털 산업을 중심으로 하는 차세대 핵심기술의 경우에는 매우 심각하다. 시장경쟁에서 우월한 위치를 차지하느냐 못하느냐의 싸움은 표준을 선점하느냐 못하느냐에 달려있다고 하여도 과언이 아니다. 시장에서 1등과 2등의 차이는 올림픽의 금메달과 은메달 차이보다 훨씬 크다. 승자 독식의 법칙이 적용되는 시장에서는 표준의 선점자가 왕이다. 제품과 기술의 개발 단계나 개념설계 단계에서부터 국제표준을 지향할 수밖에 없는 이유이다.

기술만 좋다고 무조건 표준이 되는 것은 아니다. 때로는 경쟁기

　　　　　　　인문학의 성찰이 없는 경제학은 허망하다

업에 비해 기술적으로 좀 모자란 제품이라도 국제표준을 주도하는 사례가 있다. 그래서 기술개발 따로, 표준 선점 따로인 경우가 생겨난다. 그런 경우에는 시장과 소비자들이 손해를 보기 마련이다. 그러나 어쨌든 지금은 '표준전쟁의 시대'에 살고 있는 것이 엄연한 현실이다. 표준의 선점에 실패하면 어렵게 개발된 기술은 시장을 잃고 하루아침에 무용지물이 될 수도 있다.

그래서 기술개발 못지않게 표준을 선점하는 전략이 필요하다. 이제 막 도입기나 성장기에 들어서고 있는 첨단산업의 기술들 가운데 상당수는 지금 한창 치열하게 표준전쟁을 치르고 있는 중이라고 보면 틀림없다. 비단 선진국들뿐만 아니라 큰 시장을 갖고 있는 중국도 표준전쟁에서 한 치의 양보를 하지 않는다. 그만큼 표준전쟁은 큰 싸움이다. 한국도 그 큰 싸움을 피해갈 재간이 없다.

규격 생산의 수단에서 무역장벽의 수단으로, 그리고 이제는 시장지배의 수단으로 표준의 역할은 변화해 간다. 국제표준을 주도하는 전략 수립이 이제는 세계시장 진출의 핵심 과제 가운데 하나로 간주된다.

이 글을 쓰면서, 문득 30여 년 전의 선배 장교가 그리워진다. 오랫동안 소식이 끊긴 채 만나질 못하였다. 그 선배 장교는 지금 어느 분야에서 표준전쟁의 전사로 활약하고 있을까, 궁금하기 그지없다.

(2007년)

인문학의 성찰이 없는 경제학은 허망하다

.
.

변화하는 통상 이슈에
잘 대처해야

세간에 공정무역(fair trade)이 화제다. 미국의 대통령 선거 와중에 불거져 나오더니, 급기야는 글로벌 경제위기의 와중에도 공정무역의 성가(聲價)는 떨어지지 않고 있다. 앞으로 공정무역은 선·후진국을 막론하고 요긴한 화두로 등장할 것이 분명하다. 무역규범의 총본산인 WTO에서도 공정무역을 둘러싼 논란이 그치지 않을 전망이다. 그렇다면 공정무역이란 과연 무엇을 의미하는가?

본래 공정무역은 GATT 시절부터 자유무역과 함께 국제무역이 지향하던 두 축 가운데 하나이다. '자유롭고 공정한 무역(free & fair trade)'이란 캐치프레이즈는 WTO 체제가 출범하면서 '보다 더 자유롭고 보다 더 공정한 무역(freer & fairer trade)'으로 발전되어 나갔다. GATT나 WTO를 중심으로 제기되는 공정무역 이슈는 라운드를 거듭하면서 의제별로 회원국 간에 합의한 대로 협정에 반영되고 실행에 옮겨졌다.

반덤핑, 보조금 및 상계관세 등이 공정무역 차원에서 그동안 주로 다루어지던 의제들이다. 지식기반경제가 심화되면서 지식재산권의 보호 이슈가 공정무역의 차원에서 그 어느 때보다도 강하게 제기될 가능성이 있다. 특허를 비롯한 지식재산권을 둘러싼 분쟁은 한층 더 치열해질 것이 분명하다. 지구온난화에 대응하는 환경 규제의 강화가 공정무역의 차원에서 신통상 이슈로 부상할 수도 있다. 미국이나 EU와 같은 선진국들이 환경기준의 강화와 환경 규제를 국제무역의 공정무역 원칙에 따라 다루어 나가자고 주장할 가능성도 배제할 수 없는 일이다. 전통적인 공정무역 이슈나 새로 제기될 이슈들을 앞으로 오바마 신정부가 어떻게 접근하고, 국제사회에서는 이를 어떻게 받아들일지 주목할 필요가 있다.

최근에는 비정부기구(NGO)에서도 공정무역(fair trade)을 주장하는 모습이 눈에 띈다. 공정무역 이슈가 WTO 체제의 테두리 밖에서

인문학의 성찰이 없는 경제학은 허망하다

제기되는 셈인데, 여기에서 공정무역이라 함은 앞에서 설명한 것과는 차원이 다르다. 즉, 후진국에서 생산되는 노동집약 상품, 이를테면 사탕수수, 커피, 카펫 등의 제품을 교역할 때 선진국들이 적정한 임금이 반영된 공정한 가격을 치를 것을 주장하는 내용이다. 후진국의 경제적 자립을 위해서는 원조나 구호보다 선·후진국 간의 불공정한 무역구조를 바꾸는 것이 더 중요하다는 논리가 깔려있다.

교역 측면에서 제기되는 공정무역(fair trade)은 또 한편으로 시장경쟁 질서를 의미하는 공정거래(fair trade)와 곧잘 대비되기도 한다. 영어 표기로만 보면 공정무역이나 공정거래는 다같이 'fair trade'이지만, 양자 간에는 분명히 차이가 있다. 국제무역상의 'fair trade'는 다분히 호혜주의적인 의미를 강하게 내포하고 있다. 말하자면 'give & take'를 근간으로 하고 있는 셈인데, 교역상대국 간에 이익의 균형을 도모하면서 시장개방에 나선다는 의미인 것이다. 반면에 시장질서를 의미하는 'fair trade'는 주로 경쟁 질서를 유지함에 있어 본질적으로 중요하다고 보는 개념으로 사용된다. 일견 선험적인 의미가 강하다고 볼 수 있다. 같은 용어라도 무역 측면에서는 공정성(fairness)의 문제와 깊이 관련되어 사용되지만, 시장 질서의 맥락에서는 공정성과는 큰 관련이 없이 사용되는 개념이다.

문제는 미국을 비롯한 선진국들이 한편으로는 공정무역을 의미하는 'fair trade'를 강조하고, 다른 한편에서는 시장 질서를 의미하는 'fair trade'를 동시에 강조할 조짐을 보인다는 점이다. 공정거래를 의미하는 'fair trade' 이슈는 이미 경쟁정책뿐만 아니라 통상정책적인 측면에서도 전면으로 대두되고 있다. 얼마 전 미국 경쟁당국이 LG디스플레이에 대해 국제카르텔 혐의로 4억 달러의 벌금을 부과한 사례가 예사롭지 않다. 조만간 국내 유수의 기업이 연루된 또 다른 발표가 있을 것이라는 보도도 나온다.

최근에는 언론 보도에 반덤핑 관련 기사가 거의 실리지 않는다. 사실 1990년대 중반까지만 하여도, 반덤핑 조치는 선진국들이 전가의 보도처럼 활용하던 중요한 통상정책 수단 중의 하나였다. 그러나 말도 많고 탈도 많던 반덤핑 조치에 대한 기사는 최근 잠잠해졌고, 그 대신 반독점법 위반 행위로 인한 고액의 벌금 부과 기사들이 지면을 장식하는 경우가 자주 눈에 띈다. 선진국들이 공정한 시장경쟁 질서를 명목으로 내세우고 있지만, 결과적으로는 'fair trade' 차원에서 통상정책의 무기로 활용될 가능성도 없지 않다는 점을 간과해서는 안 된다.

지금까지 미국에서 반독점법 위반으로 1억 달러 이상 벌금을 부과 받은 케이스가 15건이다. 그 가운데 한국 기업과 관련된 것이 무려 4건이나 되는데, 모두 다 최근 2~3년 사이의 일이다. 같은 카르텔이라도 유독 한국 기업의 벌금액이 많다는 데에 더 큰 문제가 있다. 2005년 이래 미국 경쟁당국이 4개 기업에 부과한 벌금액만 해도 거의 12억 달러에 육박한다. 독일과 일본의 경우에는 각각 3건씩인데, 부과된 벌금액도 우리 기업의 절반 또는 1/3 수준이다. 어찌하여 이런 일이 벌어지는가? 우리 기업들이 외형적으로는 글로벌 기업으로 커가고 있는데도, 아직 global discipline이 제대로 안된 탓이라고밖에 해석할 수가 없다. 일단 상황이 벌어졌을 때에도 기민하고 체계적으로 대처하는 데에 미숙했던 때문이기도 하다.

무엇보다도 변화하는 통상 이슈에 잘 대처할 필요가 있다. 아무리 수출 확대나 무역흑자를 위해서 안간힘을 쓴다 해도, 수억 달러씩 벌금으로 내고 나면 헛일이 되고 말 뿐이다. 기업은 기업대로 부담이 되고, 국가 전체로도 한 푼의 외화가 아쉬운 판에 거액의 벌금으로 외화가 유출된다는 사실은 받아들이기 힘든 일이다.

글로벌 시장에서 우리 경제와 우리 기업의 위상이 높아질수록, 경쟁사업자들이나 외국의 경쟁당국은 시장에서 벌어지는 경쟁의 게임을 주시할 것이 분명하다. 글로벌 시장을 둘러싸고 경쟁이 치열해질수록, 시장경쟁과 관련되는 모든 선택과 전략은 하나의 게임처럼 이해될 필요가 있다. 카르텔의 국제적인 규제 그 자체도 그렇고, 이를 위해 각국의 경쟁당국이 경쟁법의 역외적용에 나서고 있다는 사실도 그렇고, 글로벌 기업들이 이러한 제도를 중심으로 풀어나가는 전략도 그러하다.

(2008년)

인문학의 성찰이 없는 경제학은 허망하다

경제전쟁과 한·미 FTA

언제부턴가 '경제전쟁'이란 말이 실감 있게 들려왔다. 1990년대 초 베를린 장벽이 무너지고 동·서 냉전이 끝난 뒤부터의 일이 아닌가 싶다. 이념문제에 몰두하던 세계가 경제문제로 관심을 돌리기 시작하면서의 일이다. 베를린 장벽이 무너진 당시 미국과 러시아는 불과 2년 만에 핵무기의 대량 감축을 위한 협상을 홀가분하게 마무리 지었다. 그런데 무역장벽을 낮추기 위해 1986년에 시작한 우루과이라운드(UR) 협상은 무려 7년 만에 타결되었다. 때마침 비슷한 시기에 진행되던 두 협상이 전 세계를 향하여 의미 있는 메시지를 전해주었다. '우리는 지금 핵전쟁보다도 더 무서운 경제전쟁의 시대에 살고 있다'고.

우리나라는 경제개발 초기부터 대외지향적인 경제를 운영해 왔고, 그 덕분에 성공을 하였다. 1960년대 초반부터 수출 증대에 심혈을 기울였고, 수입도 따라서 늘어났다. 수출입을 합한 우리의 무역규모는 이제 전 세계에서 12위에 달하고, 경제규모도 비슷한 수준으로 올라섰다. 우리나라가 무역을 통해 성장하고 발전했다면, 그것은 개방의 덕을 톡톡히 보았다는 증거다. 우리와 달리 그동안 수입대체에 집착했거나 시장개방에 소극적이었거나 아예 시장의 문을 꽁꽁 닫고 살았던 나라들은 하나같이 경제가 뒤처지기 일쑤였다.

그럼에도 불구하고 개방은 항상 두려움을 안고 우리에게 다가왔다. 개발연대 초기인 1967년 GATT에 가입할 당시에도 그러했고, 1990년대에 우루과이라운드 협상이 진행될 때도 그러했다. 한·칠레 FTA가 체결될 당시에도 그러했고, 지금 한·미 FTA 협상을 진행하면서도 그러하다. 개방의 확대와 이로 인한 경쟁의 심화가 가져 올 우리 경제의 미래가 불확실했기 때문이었다. 그러나 만일 경제개발 초기부터 GATT에 가입하지 않았더라면 한국 경제는 무역을 통해 고도성장을 할 수 있었을까? 우루과이라운드 협상 당시 과감한 개방 대신에 문을 걸어 잠그는 선택을 했더라면 한국 경제는

인문학의 성찰이 없는 경제학은 허망하다

지금 어디쯤 가고 있을까? 그렇게 걱정했던 한·칠레 FTA의 결과는 과연 우려하던 대로인가, 아니면 그 반대인가?

오늘날 세계 많은 나라들이 WTO를 중심으로 한 다자무역체제가 가동되고 있음에도 또 한편으로 자유무역협정(FTA)에 심혈을 기울인다. 통상정책의 다원전략(multi-track approach)이라고들 하지만, 이중플레이임에는 분명하다. 자국의 경제적 이익과 운명을 단순히 다자규범에만 의존하지 않겠노라는 경제전쟁 현장의 적극적인 행동인 것이다. 전 세계적으로도 현재 발효된 FTA는 무려 197개에 이르고, 최근에는 그 확산 속도가 더욱 빨라지고 있다.

그렇다면 왜 많은 나라들이 이처럼 FTA에 열을 올리는가. 한마디로 WTO 체제가 보편화된 기본형 개방을 추구하는 것이라면, FTA는 맞춤형, 산업전략형의 고급화된 개방을 추구하는 것이기 때문이다. 무엇보다도 FTA는 다자간 협상과 달리 체결 상대국을 선택할 수가 있다. 국내 산업에 미치는 영향을 다각도로 고려할 뿐만 아니라 FTA를 통한 산업 도약의 모멘텀으로도 삼을 수 있는 것이다. 교역 기회뿐 아니라 투자와 기술 협력의 기회가 확대되는 것을 기대할 수가 있다. 오늘날 FTA 체결은 곧 경제동맹국의 형성을 의미한다. 특정 국가 간에 협정을 맺으면 역내의 경제협력이 심화되기 마련이다.

문제는 어느 나라와 FTA를 맺느냐 인데, 이는 한마디로 어느 나라와 경제동맹을 맺어야 우리에게 유리할까 하는 문제이다. 바로 이러한 맥락에서 볼 때, 한·미 FTA는 경제전쟁에 임하는 우리가 고심 끝에 선택한 전략 가운데 하나다. 이만큼 성장한 우리 경제는 이제 선진국과 경쟁할 수밖에 없고, 선진국 시장에서 경쟁할 수밖에 없다. IT 산업이 그렇고, 반도체와 자동차 산업이 그렇다. 정밀화학, 부품 및 기계, 조선 등 우리의 주력 산업이 모두 그러하다. 밀리면 끝장이다. 경제성장도, 산업발전도, 선진국 진입도 어림없는 일이다. 개방에 따른 두려움과 우려가 큰 만큼, 그 반대로 기대하는 성과 또한 큰 것이 선진 국가들과의 FTA이다. 미국은 바로 그러한 상대 가운데 가장 큰 시장을 가진 나라이다.

FTA는 한마디로 시장 확보와 시장 선점을 위한 전략이다. 따라서 상대국을 정할 때 산업의 분업구조 등을 분석해서 시장의 보완성 및 경합성 여부를 따져본다. 그리고 제3국과의 경쟁 여부도 고려한다. 우리가 만일 미국을 놓치고 우리의 경쟁상대국들이 먼저 미국과 FTA를 체결한다면, 우리는 소외국으로서의 피해를 감수할 수밖에 없다. FTA는 체결국 간에 상호 개방을 통해 역내의 경제적 이익을 도모하지만, 역외국에 대해서는 차별화가 뚜렷해서 하나의 배타적인 요새(fortress)로 작용한다. 이처럼 경제전쟁에서는 어떤 전략을

인문학의 성찰이 없는 경제학은 허망하다

선택하느냐도 중요하지만, 바로 그 전략을 구사하는 시점 또한 중요하다.

FTA는 역내 국가 간에 개방을 확대하고자 하는 것이므로, 때론 이해관계가 부딪히는 경우가 있다. 실제로 우리가 부담할 수밖에 없는 부분은 보완책이 필요하다. 한·미 FTA의 경우에도 물론 분야에 따라서는 득과 실이 있을 수 있다. 그런데 한·미 FTA 그 자체의 득과 실보다는 이를 둘러싼 이해 갈등으로 국론이 분열되고 있다는 데에 문제가 있다. 대외협상 못지않게 대내적인 이해 갈등의 소지를 최소화하는 일이 시급한 과제로 대두된 것이다. 정부가 한·미 FTA 협상과 관련해 대미(對美) 협상팀과는 별도로 '한·미 FTA 체결 지원위원회'의 형태로 구성된 대내협상팀을 가동하기로 한 것도 바로 이 때문이다. 한·미 FTA 협상과 직·간접으로 연관되는 이해당사자, 국회 및 언론 등 국민 각계의 여론 수렴과 토론, 정보 전달, 이해관계 조정 등이 대외협상을 성공으로 이끄는 매우 중요한 과정이라는 점에서 그 의미가 크다.

경제전쟁의 최전선에 서 있는 사람들은 통상협상의 현장에 나선 정부대표단과 무역과 투자의 일선에서 협상을 진행하는 기업인들이다. 무릇 모든 전쟁이 그러하듯, 국민적 합의가 뒷받침되고 후방의 지원이 든든해야만 승리가 가능하다. 경제전쟁이 한창인 지금 이 시점에서 국력을 집중하는 일보다 더 중요한 일이 있을까?

(2006년)

인문학의 성찰이 없는 경제학은 허망하다

·
·

통상 조직만 바꾼다고?

   최근 정부 조직 개편에 대한 논의가 분분한 가운데 통상 조직에 대해서도 다양한 의견이 제시되고 있다. 통상 조직이 문제가 되는 것은 통상 이슈가 날로 확대되는 현실에서 우리는 과연 이에 효율적으로 대처하여 왔는가 하는 반성에서 비롯된다.

   유감스럽게도 통상협상이 있을 때마다 우리 통상외교팀은 일사분란하게 움직이지 못하였다. 오히려 그 반대로 삐걱거리는 소리가 더 요란했던 경우를 자주 목격하곤 하였다. 통상협상의 사안이 중요하면 할수록 그러했다. 비단 양자 간의 협상에서뿐만 아니라 다자간의 회의에서도 마찬가지였다.

그래서 통상 조직이 도마 위에 오르게 되었고, 통상 조직을 다시 짜야 한다는 여론은 이미 높아져 있다. 그러나 통상 조직의 재편 논의에 앞서 정부 각 부처의 통상기능과 역할에 대한 평가가 선행되어야 하는 것이 올바른 순서다.

통상외교에서 발생한 문제들은 대부분 정부부처의 과도한 경쟁에서부터 비롯된다. 협상을 주도하고자 하는 해당 부처와 외교를 전담하는 외무부, 대외협상을 총괄 조정하는 부처 간의 역할 분담이 제대로 이루어지지 않았기 때문이다. 관련되는 정부부처가 모두 다 통상외교의 주연 역할만을 자임하고 나서는 것이 화근이다. 외교 현장에서의 불협화음과 혼선, 협상전략의 부재, 그리고 협상 결과에 대한 책임 소재의 불분명 등 그동안 노출된 갖가지 문제점들은 모두 여기에 근본적인 원인이 있었다고 하여도 과언이 아니다.

영화 한 편을 보더라도 주연과 조연이 혼연일체가 되어야 성공을 거둔다. 그래서 영화제마다 주연상뿐 아니라 조연상도 있는 게 아닌가. 스포츠에서도 선수들이 제각각의 역할을 분담하여 팀워크를 이룰 때 이길 수 있는 경기를 놓치지 않고 이긴다. 다른 많은 분야

인문학의 성찰이 없는 경제학은 허망하다

에서도 마찬가지겠지만, 통상외교 분야도 이러한 역할 분담은 너무나 절실한 과제다.

그럼에도 불구하고 역할 조정은 염두에 두지 않고, 조직만 바꾸면 해결될 것으로 보는 것은 올바른 접근이 아니다. 정작 문제는 소프트웨어인데, 하드웨어를 뜯어 고치겠다고 손을 대는 형국이니 바른 해법이라고 볼 수 없다. 게다가 조직 개편의 대안으로 제시된 것들을 보면, 또 다시 자기 부처가 주연배우 역할을 맡아야 한다는 의욕만으로 가득 차 있어 벌써부터 조직을 바꾸어 본들 별 성과를 기대할 수 없을 것이라는 우려가 앞선다.

그렇다면 역할 분담을 어떻게 정할 것인가. 이를 판단하기 위해서는 통상환경의 여건을 먼저 살펴보아야 한다.

무엇보다도 먼저 WTO 체제의 출범 이후 통상 이슈가 단순한 무역규범이 아니라 산업규범과 사회규범 등으로 계속 확대되고 있고, 통상현안이 점차 기술적이고 전문적인 분야로까지 세분화되고 있다는 점을 유념하여야 한다. 당연히 협상담당자의 실무능력이 절대적으로 요구되는 것이다. 게다가 통상협상 결과는 해당 부처에서 책임지고 이행되어야 한다는 점도 또한 중요하다. 경제세계화 시대에는 국내정책과 대외정책이 별개일 수 없으며, 따라서 대·내외 정책이 일관성 있게 유기적으로 이루어져야 하는 것이다.

정부 각 부처가 이러한 여건에 맞추어 역할을 극대화할 수 있도록 체계를 갖추는 것이 무엇보다도 시급하다. 통상 조직을 현행대로 두더라도 역할과 기능을 조정하여 적절하게 분담한다면 가능한 일이다.

위에서 지적한 통상여건을 고려해 볼 때 통상협상은 직접 관련되는 해당 부처가 책임지고, 외무부는 이를 지원하는 역할을 수행하는 것이 한 방안이다. 말하자면 해당 부처가 주연을, 외무부가 조연을 맡도록 역할을 분담하면 해결될 수 있는 일이다. 그리고 통상협상을 국가 전체 차원에서 총괄적으로 조정할 수 있도록 현재보다 강력한 조정기구를 대통령 직속으로 또는 총리실에 설치하는 방안을 생각해 볼 수 있다. 이를 법적·제도적으로 뒷받침하기 위해 (가칭)'통상기본법'을 제정하는 일도 고려해 볼 만하다.

이렇게 역할을 분담하고 나면 전문성과 외교관의 자질을 갖춘 유능한 통상전문가를 확보하는 일이 중요한 과제로 남는다. 이를 뒷받침하기 위해서는 외무부의 역할이 긴요하다. 외무부 산하의 '외교

인문학의 성찰이 없는 경제학은 허망하다

안보연구원'을 (가칭)'외교통상연구원'으로 개편하고, 각 부처의 통상 관련 공무원을 대상으로 외교관 자질을 함양하도록 교육을 담당하면 된다. 적어도 경제부처 공무원에 대해서는 '국방대학원'이나 '중앙공무원교육원'에서의 교육 대신에 '외교통상연구원'에 위탁하여 교육을 받도록 하면 될 것이다.

통상 조직의 개편 논의와 관련하여, 일부에서 제기하는 통상전담기구의 설치는 우리 실정에 적절하지 않다. 통상 조직이 단순히 공격형이냐 수비형이냐를 떠나, 기능적으로 역할을 수행해야 한다는 점에서 그러하다. 통상전담기구가 설치되면 해당 부처에서는 대내정책과 대외정책을 별개의 것으로 간주할 수도 있다. 경제세계화 시대에 맞지 않는 일이다. 무역대표부를 두고 있는 미국의 경우에는 경제가 충분히 개방되어 있고 행정부의 각 부처가 개방된 시장경제 질서에 이미 철저하기 때문에 대외협상 창구가 일원화되어도 대·내외 정책에 일관성을 유지할 수 있다. 그러나 우리의 현실은 이와 다르다는 사실을 깊이 인식하여야 한다.

(1996년)

이제는
산업 · 통상 융합 시대

신정부의 출범에 앞서 산업과 통상 조직이 일원화되는 것으로 발표됐다. '통상업무를 누가 주관할 것인가'의 시각으로 이를 우려하는 목소리도 있다. 하지만 변화무쌍한 통상환경을 전제로 '무엇을 어떻게 하면 잘할 수 있는가.'에 초점을 맞춰 보면 기대가 크다.

사실 통상의 핵심은 산업이다. 오늘날 산업 활동의 개방화와 범세계화가 심화되면서 산업과 통상이 유기적으로 결합한 '산업통상'의 중요성은 더욱 중요해지고 있다. 이젠 한국에서 혁신적인 글로벌 기업들이 탄생하고 활동할 수 있도록 산업통상 측면의 지원이 필

인문학의 성찰이 없는 경제학은 허망하다

요하다. 게다가 세계 비즈니스센터의 중요한 축으로 발전해 나가는 게 교역 규모보다 더욱 중요한 시대가 되었다. 이를 위해선 산업과 통상이 긴밀히 결합된 개방형 통상국가로 가야 한다.

기업 활동의 범세계화로 한국 기업 못지않게 이 땅에 터를 잡은 외국계 기업의 가치를 인정해야 하는 경우가 늘고 있다. 같은 이유로 하나의 산업이 국내의 다른 산업에 영향을 미칠 가능성은 줄어드는 반면, 외국 산업과의 연관관계는 점점 중요해지고 있다. 그런 의미에서 최근 관심을 끌고 있는 '부가가치 무역'이라는 용어를 주목할 필요가 있다. 단순한 교역 규모보다 실제 부가가치를 창출하는 부분을 중심으로 교역 내용을 새롭게 조명해야 한다는 뜻이다. 이런 시대에 대외 교역에서 한국 제품이 고부가가치를 창출하고 실속을 챙기려면 산업과 통상정책이 조화롭게 연계되어야만 한다.

한국의 교역 규모가 1조 달러를 넘어서면서 한층 더 스마트한 통상전략이 요구되고 있다. 교역이 늘수록 공생발전과 지속성장에 대한 교역상대국의 요구가 높아지게 마련이다. 한국은 이미 50개가 넘는 나라에서 10대 교역상대국의 하나다. 대부분의 나라는 단순한 교역 확대를 넘어선 산업과 기술 분야의 협력 확대까지 기대한다. 이런 점에서도 산업통상의 중요성은 강조되지 않을 수 없다.

특허나 저작권과 같은 지식재산권을 둘러싼 분쟁의 빈발, 단일 제품을 넘어 복합재 시스템 형태의 교역 증가, 자원민족주의의 심각화 등도 산업통상의 필요성을 절감케 한다.

이렇게 보면 무역, 통상, 투자 등의 정책이 개별적으로 존재하는 것은 더 이상 의미가 없다. 이러한 정책들이 21세기형 산업정책의 테두리 안에서 오케스트라처럼 조화를 이뤄나가야만 실사구시(實事求是)의 효과를 기대할 수 있는 것이다.

(2013년)

　　　인문학의 성찰이 없는 경제학은 허망하다

교역 1조 달러,
그 이후엔……

　21세기의 첫 십 년이 지나고 두 번째 십 년이 열리는 첫해에 우리나라는 교역 1조 달러 시대를 맞이하였다. 세기 초의 첫 십 년이 새로운 세기의 탐색전이었다면, 두 번째 십 년은 본격적인 진군의 시기라 할 수 있다. 이제 우리 경제는 그동안 일군 성과를 발판으로 새로운 도전을 향해 다시 출발선에 서 있는 것이다. 마침 지난해에 국내총생산(GDP) 규모 1조 달러를 달성한 데 이어 이룩한 성과라는 점에서 볼 때 새로운 진군을 위한 도약대가 마련된 셈이다.

　교역 1조 달러의 달성은 별다른 부존자원 없이 무역입국의 꿈을 안고 세계시장에 눈을 돌린 지 반세기 만의 쾌거이다. 사실 개발연대 초기만 하여도 국내 자원을 중심으로 한 수입을 대체하는 전략을 추구할 것인지, 아니면 무역 확대를 통한 대외지향적인 발전을 도모할 것인지에 대한 논의가 분분했었다. 그러나 후자의 전략을 채택한 우리나라는 무역의 확대를 통해서 마침내 경제발전을 이루어 냈다. 이제 한국은 더 이상 소규모 개방경제 가운데 하나가 아니라 세계 무역을 선도하는 위치로 올라섰다.

우리나라가 교역 1조 달러의 달성과 더불어 무역대국으로 자리잡게 되었지만, 이는 목표치의 완결이 아니다. 경제발전을 통해 이룩하고자 한 가치 실현의 한 과정이자 무역발전의 도정일 뿐이다. 이를 간과한 채 이제는 무역의 확대가 절박한 선택도, 불가피한 선택도 아니라는 인식이 국민 사이에 팽배해 있다면 문제다. 물론 무역의 발전은 선택해야 하는 여러 대안 중의 하나일 수 있고, 심지어 무역의 확대 과정에서 소득의 양극화가 심화되면 이에 대한 반작용으로 무관심이나 저항의 대상이 될 수도 있다. 그러나 개방화와 세계화의 진행이 이루어지는 과정 속에서 무역의 중요성을 도외시할 경우 자칫 우리 경제의 성장 동력을 상실할 우려가 있는 것이다. 무역이 우리 경제의 성장에 적지 않은 영향을 미치고 있다는 현실을 절대로 무시해선 안 된다.

인문학의 성찰이 없는 경제학은 허망하다

지난 50년간 무역입국론은 국민적 공감대를 바탕으로 경제발전의 토대가 됐다. 우리 의지와 관계없이 진행되는 세계화 현상은 우리의 전략 선택과 부합했기 때문에 교역 증대를 통해 비교적 성공적으로 적응해 나갈 수 있었다.

그러나 이제 그것만으로는 한계가 있다. 교역 1조 달러 이후 무역의 역할에 대한 국민적 요구가 무엇인가를 근본적으로 성찰해야 하는 이유가 바로 여기에 있다. 자칫 무역 확대나 무역흑자 기조의 유지에 집착해서 국민들의 다양한 가치 실현 요구를 무시한다면 무역입국론의 명분은 더 이상 내세울 수 없기 때문이다.

무역입국론이 국민적 지지를 받을 당시에는 무역의 성과가 경제성장, 고용, 소득 증대, 비즈니스 기회의 창출 등을 통해 국민경제 전체에는 물론이고, 국민 개개인에게도 도움이 되리라는 것을 기대해 마지않았다. 국가가 추구하는 목표와 국민이 기대하는 바가 일치하였다는 것을 의미한다. 이제 다시 무역발전에 대한 국민적 공감대를 확보하기 위해서는 이른바 합성의 오류(fallacy of composition)를 줄이는 노력, 즉 무역 확대에 따른 국민의 기대와 국가적 필요성의 간격을 줄이는 노력이 선행되어야 한다는 대전제를 충족시켜야만 되는 것이다.

대외적으로도 한국이 무역 강국으로 부상한 만큼 이에 걸맞은 역할을 수행하는 일이 필요해졌다. 이미 50여 개 국가들이 우리나라를 자국의 10대 교역상대국 가운데 하나로 간주한다고 한다. 대부분의 무역 강국들은 나름대로의 국가 브랜드를 통해 가치를 구현해 나가고 있다. 미국의 실용적 가치, 독일의 견고한 기술력, 신흥경제대국인 중국의 역동성, 일본의 응용력과 창조력, 프랑스 및 이태리의 문화적 가치, 네덜란드의 고부가가치 복합무역 등이 바로 그것이다

오늘날 한국의 위상을 견인하게 한 '무역입국'의 의미를 세계적인 브랜드 가치로 여하히 설정할 것인가가 앞으로 중요한 과제 중의 하나가 되었다. 한국 경제의 역동성을 뒷받침해 온 혁신의 가치를 나누는 일, 즉 '이노베이션 셰어링(Innovation Sharing)'을 내세우는 것도 의미 있는 일이라고 본다.

(2011년)

인문학의 성찰이 없는 경제학은 허망하다

．
．

적정 환율보다
환율 안정이 중요하다

    시장이 온통 환율 움직임에 촉각을 곤두세우고 있다. 수출·입과 외환 시장은 물론, 증권 시장, 관광 시장, 심지어 유학 시장까지도 모두 난리다. 실물부문과 금융부문, 서비스부문 할 것 없이 국내경제가 요동치는 환율에 일희일비하고 있는 것이다.

    세계화 현상이 가속화될수록 환율은 단순히 수출입의 가격 기능으로만 작용하지는 않는다. 자본의 이동과 실물 및 금융 흐름에도 직·간접 적으로 커다란 영향을 미친다. 그만큼 환율 변동에 따른 충격이 과거에 비해 커질 수밖에 없는 것이다.

기왕에 원화 환율이 시장 수급보다 정책적 고려에 의해 저평가된 상태를 유지했다면, 오래갈 수는 없는 노릇이다. 어차피 시장의 압력에 의해 다시 자리매김될 수밖에 없다. 문제는 환율 변동의 폭과 속도다. 환율 변동의 진폭이 크면 클수록 속도가 빠르면 빠를수록 그 충격은 더욱 커지기 마련이다.

무역협회를 비롯한 경제단체들은 환율이 하락할 때면 소위 적정 환율이라는 것을 조사해서 발표하곤 한다. 업종별로 수출 기업의 손익분기점이 되는 환율이 과연 얼마인가를 나타내는 게 바로 적정 환율이다.

문제는 적정 환율이라는 게 모호한 개념이라는 것이다. 조사할 때마다 기업들은 환율 변동이 채산성과 손익분기점에 미치는 영향을 따져서 답변을 해 내곤 한다. 과거의 사례를 보면, 환율이 내려가면 적정 환율이란 것이 따라서 내려간다. 이른바 '환율 따라가기 현상'이다.

기업은 경제 상황이 변하면 이에 적응하는 능력이 있다. 상황 변화에 대한 예측가능성이 높으면 그만큼 대응력이 커질 수 있다. 환율 변동의 경우에도 마찬가지이다.

인문학의 성찰이 없는 경제학은 허망하다

환율 변동에 대한 대비가 단지 헷징이나 환위험보험에 가입하는 것으로만 그치는 것은 아니다. 결제통화를 바꿀 수도 있고, 해외거래선을 다양화할 수도 있다. 기술개발과 기술 도입을 서두를 수도 있고, 내수와 수출의 비중을 바꿀 수도 있을 것이다. 환율 변동의 진폭이 크지 않고 속도가 급격하지 않다면 기업은 좀 더 체계적으로 대비해 나갈 수가 있다.

그렇다면 적정 환율이 아니라 환율 안정이 중요한 게 아닌가. 적정 환율을 내세우는 것은 정부가 환율을 어느 선에서 방어해 줄 것을 기대하는 심리이다. 이에 비해 환율 안정을 강조하는 것은 단순히 환율의 방어가 아니라 시장의 불확실성 요인을 정부가 완화시켜 달라는 심리이다. 투기적 요인이나 경제외적인 요인으로부터 환율의 결정 과정을 방어하라는 것이다.

그동안 정부가 정책적으로 고려에 의해 원화 환율을 저평가 상태로 유지했다면 필연코 원화 가치의 상승은 불가피하다. 아무리 그렇다고 하더라도 두 달 사이에 원화가치가 10%나 오른 것은 예사로운 일이 아니다. 그러한 상황을 초래한 정부는 당연히 환율 안정에 정책의 높은 우선순위를 두어야 한다. 필요하다면 선제적 개입도 불사하여야 한다.

외환위기 이전에 우리 정부는 이유야 어찌되었건 결과적으로 고평가된 환율을 선호했었다. 그러나 우리 경제의 상황이 제대로 반영이 안 된 환율은 외환위기 이후에 급격히 상승하고 말았다.

그리고 7년 뒤, 우리는 지금 환율의 급락을 경험하고 있다. 단순히 환율 변수만을 본다면 우리 기업들의 예측가능성은 매우 낮아졌다고 할 수밖에 없다. 환율이 급등·락하는 가운데 기업 활동의 불확실성은 높아졌고, 장애가 하나 더 늘어났다.

사실 적정 환율이란 산출해 내기 어려운 개념이다. 시장에서 환율을 결정하는 변수들이 점점 다양해지고, 환율이 작용하는 변수 또한 다양해지고 있기 때문이다. 환율 변동이 단기적 요인들에 의해 좌우되기도 하고, 투기적 요소가 개입할 여지도 커지고 있다. 심리적 현상에 의한 출렁거림도 무시할 수가 없다. 그렇다면 적정 환율에 대한 기대는 차라리 없는 편이 낫다.

시장에서 환율 변동의 진폭이 클 수밖에 없고 불확실성이 높아진 상황에서는 환율 안정이야말로 무엇보다 중요한 정책적 과제가 아닐 수 없다. 정부는 환율 안정을 위해 동원 가능한 다양한 수단을 갖고 있어야 한다. 지금 이 시점에 환율 운용은 다른 정책목표를 달

성하기 위한 수단으로 다루어져서는 안 된다. 환율 안정 그 자체가
중요한 목적함수로 다루어져야 하는 것이다.

(2004년)

개발협력의 틀을
바꾸어 보자

 지난해부터 우리나라 공적개발원조(ODA) 규모는 한 해 2조 원을 넘는다. 우리나라는 2010년 OECD 개발원조위원회(DAC)에 회원 국으로 가입하면서 2015년까지 ODA 규모를 국민총소득(GNI) 대비 0.25%로 늘리겠다고 약속했다. 그러나 그 수치는 아직 0.15% 정도 에 머물러 있고, 국제사회에 내놓은 약속은 이행하기 어렵게 되었 다. 금년에는 작년보다 ODA 규모를 무려 11%나 증액하였는데도 그러하다. 빠듯해진 예산 사정을 감안하면 2조 원이 넘는 공적개발 원조는 여간 버거운 부담이 아닐 수 없다.

인문학의 성찰이 없는 경제학은 허망하다

한국은 원조후발국이자 아직 원조 규모가 그리 크지 않은 국가로, 국제사회에서 매우 애매한 처지다. 게다가 요즘은 중국, 일본 등을 필두로 원조 공세가 경쟁적으로 전개되는 시대다. 바로 그런 틈바구니 속에서 한국의 입지는 미미한 존재일 뿐이다.

이러한 사정을 감안하면, 우리는 대외 원조를 전략적으로 집행해 나가지 않으면 안 된다. 그러나 실제 ODA 사업이 전개되는 현실을 보면 반드시 그렇지 못하다. 오래 전부터 제기된 이슈 가운데 원조 사업의 분절화와 파편화 현상은 심각하다. 매년 ODA 사업을 둘러싸고 수십 개의 기관이 참여하고 천여 개의 프로젝트가 백화점식으로 추진되곤 한다.

여기에는 이유가 있다. ODA 사업에 관심 있는 기관들이 저마다 잘할 수 있는 사업을 발굴해서 참여하고자 하는 것이다. 그 자체를 탓할 수는 없는 일이지만, 이렇게 해서 잘잘하게 쪼개진 ODA 사업은 크게 표가 나질 않는다. 2년 전 정부가 애써 마련한 '한국형 ODA 모델'의 개념도 이 범주를 벗어나지 않는다. 원조국으로서의 한국을 드러내는 대표 개념을 만들어내지 못하는 것은 바로 이 때문이다.

《한국인만 모르는 다른 대한민국》의 저자 임마누엘 페스트라이쉬 (Emanuel Pastreich) 경희대학교 교수는 한국을 대표하고 한국을 이루는 여러 요소를 묶는 통합 개념 설정의 중요성을 역설한다. 국제사회에서 '한국이 제공한 원조' 하면 쉽게 떠올리는 그 무엇이 있어야 한다는 지적이다. 원조를 주는 쪽은 '한국형 원조'를 강조하지만, 원조를 받는 쪽에서 한국형 모델이 무엇인지를 모른다면 문제다.

그렇다면 어떻게 할 것인가? 수원국의 입장에서 볼 때 한국은 단순한 원조국이 아니라 미래 희망을 견인하는 파트너로 자리매김 되는 게 바람직하다. 수원국에 단순히 물고기를 주는 것으로는 부족하고, 물고기 잡는 방법을 가르쳐 주는 것만으로도 역시 부족하다. 좋은 물고기를 지속적으로 잘 잡을 수 있는 방안을 찾아야 한다.

필자가 제시하는 혁신공유프로그램(Innovation Sharing Program)도 이러한 맥락에서 고안한 구상이다. 혁신이 개발의 모든 단계에서 긴요했던 우리 경험을 수원국들과 공유하고 함께 구현해 보자는 것으로, 국제사회가 염원하는 원조의 개발효과성을 높일 수 있는 구상이다. 개발협력의 파트너로서 상생의 역할을 같이 모색해 보자는 의미에서 가히 새로운 개발협력 모델이라고 할 만하다. 원조를 통해 자국 이익을 극대화하려는 중국 등 신흥원조국들과 차별화되는

인문학의 성찰이 없는 경제학은 허망하다

접근 방식이기도 하다.

농업과 경공업이 주류를 이루던 1960년대 중반에 한국과학기술연구원(KIST)을 설립해서 오늘날 고도산업국가로 발돋움한 경험이라면 그 어떤 나라보다 우리가 더 표 나게 잘할 수 있다. 공학기술과 혁신역량의 확충을 통해서 도약한 한국의 경험을 원조의 상대국과 더불어 나누고자 하는 것이다. 비단 공학기술뿐이랴. 기왕에 개발한 '한국형 원조' 모델도 활용할 수 있다. 우리가 잘 추진할 수 있는 프로그램 가운데 혁신과 관련이 있는 사업을 추려내면 된다. 차제에 원조후발국 한국이 국제사회에 강렬하고 폭넓게 인식될 수 있도록 개발협력의 선택과 집중 전략에 대한 깊은 성찰이 요구된다.

(2014년)

발전을 위한
생각들

명품 규제를 위한
십계명

중앙정부 차원에서 한 해에 신설되거나 강화되는 규제는 천 건이 넘는다. 2010년에도 한 해 동안 신설되거나 강화된 규제는 1,062건에 이른다. 그 가운데 362건을 중요 규제로 분류하여 규제개혁위원회에서 심사하였는데, 이 중 48.5%에 해당하는 158건의 규제안에 대해 철회 또는 개선을 권고한 바가 있다. 이는 정부의 각 부처가 아직도 규제개혁에 대한 의식이 희박하다는 점을 입증하는 것이다.

이미 만들어진 규제를 개혁하는 일은 쉽지 않다. 따라서 규제를 신설 할 때 제대로 해야 하는 것이다. 규제를 새로 만들 때 명품 규제로 만들어 낼 수는 없는 일일까? 이러한 욕심 하에 필자는 명품 규제를 위한 십계명을 제시해 보고자 한다.

정부의 규제는 기본적으로 민주주의와 시장경제 질서, 법치주의의 원칙에 충실해야 한다는 게 제1계명이다. 불량 규제의 대부분은 '원칙 따로 실천 따로'에서 비롯되며, 이는 곧 시장경제적 법치주의의 실현에 장애로 작용한다.

법률만능주의와 행정편의주의에서 과감하게 탈출해야 한다는 게 제2계명이다. 지금도 개발연대 시절의 생각이나 관념으로 만들어지는 법령이 수두룩하다. 민간부문 위에 군림하는 정부 우위의 뿌리가 아직 남아있다.

사회의 변화와 기술의 발전을 이끄는 것은 정부가 아니라 기업이라는 점을 명심해야 한다는 게 제3계명이다. 앨빈 토플러는 그의 저서인 《부의 미래》에서 '기업은 시속 100마일의 속도로 혁신에 혁신을 거듭하며 사회 다른 부문의 변혁을 주도하는 반면에, 정부와 관료 조직, 정책과 법 제도는 30마일도 안 되는 속도로 거북이걸음을 하고 있다'고 지적한 바 있다. 앨빈 토플러의 지적은, 물론 정부의 정책이나 법 제도의 운용이 기업 활동만을 고려해서 이루어지는

인문학의 성찰이 없는 경제학은 허망하다

것은 아니지만, 적어도 지금 이 시점에서는 가장 역동적인 기업의 역할을 인정하고 기업의 활력을 뒷받침하는 데에 우선순위를 둘 수밖에 없다는 점을 시사한다.

공익(公益)의 필요성을 빌미로 과다 규제에 나서지 말아야 한다는 게 제4계명이다. 과도한 규제에 대해 피규제자의 입장에서 부담해야 하는 막대한 규제 준수비용은 생각하지 못한 채, 규제 신설 또는 유지의 필요성만을 강조하는 경우가 허다하다. 소관 부처가 정책적 편의만 고려한 채, 규제에 매몰되어 있지는 않은지 살펴보는 일이 중요하다.

규제에 대한 주기적인 정밀점검(overhaul)이 필요하다는 게 제5계명이다. 산업화 시대의 낡은 규제인지 정보화 시대에 걸맞은 규제인지를 주기적으로 확인할 필요가 있다.

법령에 명시적인 위임이나 근거 없이는 규제를 만들 수 없다는 게 제6계명이다. 때로는 하위 법령의 규정 가운데 모법의 규정이 아닌 타 법을 원용하거나 에둘러 적용하고자 하는 경우가 종종 발생한다.

미래 사회와 미래 산업에 걸맞은 규제 체계를 갖추어야 한다는 게

제7계명이다. 융합기술의 발달로 융합 제품 및 서비스가 빠르게 발전하고 있으나, 법규가 이를 따라가지 못하는 사례가 비일비재하다. 새롭게 떠오르고 빠르게 발전하는 융합 영역일수록 새로운 법체계와 틀의 마련이 시급하다.

때로는 규제 기법의 활용이 중요하다는 게 제8계명이다. 한시적 규제 유예, 규제 일몰, 규제 예시제 등 규제에 따른 부작용의 우려를 불식시키고 규제개혁의 효과를 높일 수 있는 다양한 대안을 마련하는 것이 바람직하다.

피규제자 및 이해당사자와의 진지한 대화가 없이는 명품 규제가 만들어질 수 없다는 게 제9계명이다. 규제가 설정되기 전에 정부는 통과의례가 아닌 실질적인 의견 수렴의 장을 마련해야 한다.

국민보다는 정부가 부지런한 규제가 명품이라는 게 제10계명이다. 이는 '섬김의 정부론'과 일맥상통한다. 예를 들면 과태료 부과 등과 같은 직접적인 공권력 행사를 앞세우는가, 아니면 규제하는 정책의 목적 및 과정을 담은 정보를 취합하여 시장과 국민에게 주기적으로 발표하는 노력을 마다하지 않는가와 같은 문제이다.

인문학의 성찰이 없는 경제학은 허망하다

명품 규제를 위한 십계명은 다름이 아니다. 정부가 생산하는 규제의 품질이 곧 정부의 품질이고, 대통령 책임제 하에서는 임기 중에 생산된 규제의 품질이 곧 정권의 품질로 평가된다는 생각으로 규제자인 정부가 규제에 대한 마음가짐을 재정립할 필요가 있다는 의미이다.

(2011년)

:

산업 융합 시대를
주도하려면

　임진년은 용의 해다. 예로부터 용은 신비롭고 상서로운 동물로 여겨 왔기에 우리에게는 용의 해가 각별하다. 사실 용은 상상 속의 동물로서 소와 사슴, 토끼, 잉어, 호랑이, 매 등 여러 가지 동물의 특징을 모아서 만들어진 것이다. 용이야말로 융합의 산물인 셈이다. 비록 여러 동물이 합해져 만들어졌지만, 용은 고유의 특성을 지니는 동물로 재탄생하였다. 이렇게 탄생된 용은 참여한 실제 동물들과 달리 그 자체로서 신비로움이 있다.

　융합이란 바로 그런 것이다. 생각과 생각이 합쳐지고, 학문과 학

　　　　　　　인문학의 성찰이 없는 경제학은 허망하다

문이 영역을 뛰어넘어 새로운 것으로 탄생한다면 그것이 바로 융합이다. 기술 융합이나 산업 융합의 개념도 마찬가지다. 서로 다른 기술이나 아이디어가 새로운 제품과 서비스를 탄생시키고, 제품과 서비스가 새로운 조합을 이룰 수 있다면 그것 또한 융합의 산물이라 할 수 있다. 이렇게 되면 기술 간, 산업 간, 시장 간, 기기 간의 한계를 넘어서는 그 무엇인가를 기대할 수 있는 것이다.

우리는 지금 2차 산업혁명과 정보통신 혁명을 거쳐 융합 혁명이라는 새로운 전환점에 서 있다. 굳이 '혁명'이라는 표현을 쓰는 까닭은 과거의 연장선상이 아니라 불연속적인 발전과정을 거치게 될 것이라는 의미에서다. 앞으로 기술과 산업, 시장의 각 영역에서 융합의 대세가 본격적으로 이루어질 전망이다. 다학제적인 (multidisciplinary) 지식을 기반으로 하는 융합기술이 독립된 기술보다 더 많은 부가가치를 창출한다는 것을 실감한 이상 산업 융합은 더욱 가속페달을 밟게 되리라고 본다. 물론 이에 따라 산업 패러다임도 지금까지와는 달리 새롭게 전개될 것임이 분명하다.

첫째, 융합이 진행될수록 산업의 구분이 모호해질 수 있다. 또한 융합이 이루어지면서 산업별 가치사슬 내에서 수평적인 통합이 일어나는 동시에 다른 산업의 가치사슬과도 연결되면서 영역의 재구성이 이루어진다.

둘째, 기술이나 산업을 막론하고 융합이 이루어진 영역에서는 기존의 게임 룰이 무력화되는 등 근본적인 변화가 발생하기도 한다. 그러는 가운데 새로운 시장이 창출되고, 산업 외부의 기업에 새로운 부가가치와 시장 기회를 제공하기도 한다.

셋째, 융합화 추세가 심화되면서 새로운 비즈니스 모델의 창출 기회가 크게 넓어지게 되었다. 과거에는 상상할 수도 없던 융합 신산업의 등장이 기대되기도 한다.

이러한 패러다임의 변화를 잘 새겨보면 시사하는 바가 있다. 그것은 바로 융합기술을 바탕으로 한 산업 융합이야말로 미래의 먹거리이자 일자리의 원천이라는 사실이다. 선진국을 중심으로 세계 각국이 산업 융합을 강조하는 이유가 바로 여기에 있다.

문제는 거대한 물결로 다가오는 이러한 변화에 우리가 얼마나 잘 대비하고 있느냐이다. 지난 수십 년 동안 각고의 노력으로 우리나라는 산업 강국으로 성장해 왔지만, 이는 어디까지나 개별 기술과 개별 산업이 주류를 이루던 시대에 이룩한 일이다. 이제 산업의 패

인문학의 성찰이 없는 경제학은 허망하다

러다임이 근본적으로 바뀌고 있으니 이에 걸맞은 제도와 전략이 필요하다. 그러나 우리의 의식은 이를 제대로 따라가지 못하고, 각종 제도와 규제 역시 여기에 맞추어져 있지 못한 게 현실이다.

이러한 상황에서 정부가 지난해에 산업융합촉진법을 마련한 데이어 연초부터 산업융합촉진 옴부즈맨 제도를 도입한 것은 융합화 시대의 추세에 발맞추어 나가려는 노력의 첫걸음이다. 융합 혁명의 시대에는 어느 한 소관 부처의 노력만으로는 한계가 있기 마련이므로 경제와 사회의 전 분야가 유기적으로 어우러져서 발전하는 시스템의 마련이 절실하다.

우리가 앞으로 융합의 지도를 제대로 그려나가면 사회도, 산업도, 기술도 바람직한 방향으로 발전하게 될 것이다. 물론 그 역(逆)도 성립한다. 용의 해에 용을 잘 그려 승천할 수 있도록 해야지, 용을 그리려다가 이무기에 그치고 말면 그야말로 낭패가 아닐 수 없다. 여러 가지 동물의 경계를 넘어 신비롭고 상서로운 용의 탄생을 일구어낸 융합 선조들의 지혜를 배워야 할 때이다.

(2012년)

IT 융합이
인간 행복으로 이어지려면

　미국 라스베이거스에서 열린 세계 최대 가전전시회 CES를 둘러본 지 열흘이 더 지났는데도 아직 그 여운이 가시지 않는다. 빠른 속도로 진행하는 기술 발전에 대한 경이로움도 없지 않았지만, 이번 CES에서는 정보기술(IT) 고유의 분야 이외에 스마트 카, 드론, IT바이오 및 웰니스, 로봇서비스 부문에도 특별한 배려를 함으로써 IT 기반 융합기술의 발전 추이를 유감없이 보여주었다. 그러나 그에 못지않게 한편으로는 이처럼 기술이 발전하면 인간은 과연 행복해질까 하는 생각이 머릿속을 좀처럼 떠나질 않는다. 앞으로 IT의 비약적인 발달로 우리의 삶이 확 바뀌겠다는 느낌이 더 강하게 다가

　　　　　인문학의 성찰이 없는 경제학은 허망하다

왔기 때문이다.

　우리는 지금 IT를 기반으로 하는 기술의 발전이 우리 생활의 곳곳에 침투해오는 것을 목격중이다. 우리의 삶은 생각보다 빠른 속도로 광범위하게 IT와 연결돼 큰 변화를 겪을 전망이다. 종래에는 기술 발전이 우리 생활의 한 분야에 부분적인 영향을 미쳤다면 지금 전개되는 IT의 발전은 우리 삶의 전반에 걸쳐 영향을 끼칠 것이 분명하다. 기술 발전이 편리함과 유익함을 제공해주는 차원을 넘어 우리의 삶을 새롭게 규정하려 들지도 모른다는 생각에까지 미친다.

　산업계와 공학계의 기술개발 노력은 앞으로도 무한히 진행될 것이다. 이미 가속도가 붙은 기술개발 속도와 추이는 따라가기에도 벅찰 정도이다. 시장에서는 기술개발의 성과를 둘러싸고 누가 게임 체인저가 될 것인지에 대해서 관심이 높다. 그 대열에서 소외당하면 낙오자가 될 수밖에 없다는 강박관념 때문에 CES에 몰리는 사업자, 기술개발자, 언론의 관심은 모두 여기에 집중되는 듯하다. 우리나라의 유수한 대기업 전시장이 CES 메인 홀에 당당하게 설치되어 있는 것도 게임 체인저의 중요한 역할을 담당한다는 증거일 터이다.

　그러나 시장에서의 게임 체인저보다 더 관심을 가져야 할 것은 우리 삶의 변화, 즉 라이프 체인저들이 무섭게 다가오고 있다는 사실이다. IT의 확산은 우리 삶의 형태나 스타일뿐 아니라 삶의 의미와 가치까지도 바꾸고야 말 기세로 진행되고 있다. CES 기간 내에 개최되는 세미나에서는 개발된 기술이 어떻게 활용되고 인간 생활에 유용할 것인가를 개발자 입장에서 역설하고 있었다. 그래서 더욱 아쉬운 것이 인문학 전공자들의 참여 부족이다. 어찌하여 인문학자의 모습은 CES 전시장에서 찾아볼 수가 없는 것일까.

IT 개발이 편리성이나 유용성이라는 측면에서는 의미가 있을지라도 이것이 반드시 인간의 행복으로 이어질 것인가. 지금이야말로 우리가 이 문제에 대해 깊이 성찰하고 논의해야 할 때이다. 한없이 전개될 기술개발은 산업계나 공학자들의 몫이지만, 개발된 기술을 인간의 삶에 진정으로 도움이 되도록 선택적으로 활용하는 데에는 아무래도 인문학자들의 노력이 함께 하는 것이 바람직하다. 그럼에도 불구하고 인문학 전공자들이 무관심하거나 기술 발전 추세를 이해하려 들지 않는다면 문제다. 아예 인문학자가 관여할 영역이 아니고 남의 일이라고 치부한다면 더 큰 문제이다. 빠른 속도로 전개되는 기술개발은 분명 흥미로운 일이지만, 이것이 초래하는 결과는 반드시 흥미로운 일이 아닐 수도 있기 때문이다.

인문학의 성찰이 없는 경제학은 허망하다

그래서 CES와 같이 기술과 산업 발전 트렌드를 포괄적으로 알 수 있는 대규모 글로벌 전시회에 산업계나 과학기술계, 언론계뿐 아니라 인문학자들도 대거 참여하는 기회를 마련하는 것이 필요하다. 그 어느 때보다 인문학과 공학의 공유가치가 절실하게 요구되기 때문이다. 바야흐로 과학기술만 융합할 것이 아니라 사고와 가치판단도 융합적인 접근이 필요한 시점인 것이다.

(2015년)

.
.

따라가는 소비,
개성 있는 소비

재작년 겨울 어느 날, 아내와 함께 동대문의류상가에 들렀다. 어둠이 채 가시지 않은 이른 새벽의 동대문시장, 사러오는 사람이나 파는 사람이나 모두 부산하고 활기찬 모습이었다. 혹시나 아이들 옷가지를 싸게 살 수 있을까 하고 둘러보았지만, 마음에 드는 물건을 쉽게 고를 수는 없었다. 그렇게 한참을 돌아다니던 중 가방을 파는 상점에서 눈에 번쩍 띄는 것을 하나 발견하였다.

중고등학생들이 등에 메고 다니는 가방인데 디자인이 멋있고 재질도 무척 좋았다. 가격 또한 일만 원이라 하니 그리 비싼 편이 아

인문학의 성찰이 없는 경제학은 허망하다

니어서 아들 녀석에게 주려고 하나를 샀다. 집에 와서 아이들에게 보여주니 딸아이가 먼저 반해버렸다. 그래서는 자기 것을 동생에게 주고 새로 산 것을 자기가 갖겠다고 야단이었다. 아들도 가방이 마음에 들기는 하지만 디자인이 너무 세련(?)되어서 혹시 놀림감이 될지 모른다고 생각하였던지 제 누나의 요구에 선선히 응하였다. 딸아이는 메고 다니는 가방이 외제품이 아니냐는 질문을 친구들에게서 종종 받곤 한다고 한다.

얼마 전 우리 가족은 뉴스를 보다가 깜짝 놀랐다. 우리나라 여학생들이 메고 다니는 가방의 상당 부분이 외국의 어느 유명 브랜드 일색이라는 것이었다. 자세히 보니 디자인은 동대문시장에서 우리가 산 것보다 나을 게 없는데, 값은 몇 배나 비싼 것이라고 하였다. 거의 열 배가 되는 것도 있다고 하니 쉽게 믿어지지가 않았다. 사실 그 당시에는 뉴스의 내용이 정말일까 하고 반신반의하였다.

그러다가 내가 어느 여자대학에서 강의할 기회가 있어서 가보니 너도나도 그런 가방을 메고 다니는 것이 아닌가. 아연 놀라지 않을 수 없었다. 학생들에게 물어보니 많은 사람들이 메고 다니는데 자기만 빠지면 좀 뒤처지는 듯한 생각이 들지 않겠느냐고 오히려 반문이다. 그렇다면 우리 학생들은 가방 하나를 선택하면서도 자기의 필요와 자신의 멋에 맞추지 않고, 남보란 듯이 남에게 빠질세라 결정하곤 했다는 말이다. 실망스럽기 그지없다.

우리 젊은이들이 이렇게도 어리석고 분별력이 없단 말인가. 대학교에서는 도대체 무엇을 가르치고 무엇을 배운단 말인가. 이제는 우리가 '소비의 경쟁'에서도 지고 있는 것은 아닌가. 생각할수록 이건 보통 일이 아니었다.

우리는 일상생활에서 무심코 소비 활동을 하고 있지만, 소비는 시장경제에서 매우 중요한 항목이다. 소비가 합리적으로 이루어지면 시장이 건실해지고, 시장경제가 발전하기 마련이기 때문이다. 반대로 소비가 합리적이지 않으면 시장이 부실해지고, 따라서 시장경제도 발전할 수가 없는 것이다.

그렇다면 합리적인 소비란 무엇을 말하는 것인가? 어렵게 생각할 것 없다. 소비자가 시장에서 소비할 물건을 고를 때 값이 싸고 질이 좋은 물건을 고르려고 한다면, 그것이 바로 합리적인 소비가 되는 것이다. 그러나 만일 제품의 질이나 가격은 따져보지 않고 남이 하니까 나도 따라서 소비한다면 그것은 합리적인 소비가 아니라 맹목적인 소비다. 자기의 소득은 생각하지도 않고 남에게 과시하기 위해 소비하는 것은 비합리적일 뿐만 아니라 어리석기까지 한 일이다.

소비자들이 합리적이지 않고 맹목적인 소비나 과소비를 즐긴다면, 기업도 값싸고 질 좋은 제품을 만들기보다는 그럴 듯하게 허울만 좋고 값이 비싼 제품을 만들어 낼 것이다. 우리의 한정된 자원도 질은 아랑곳하지 않고 가격이 비싼 제품을 만들어내는 데에 더 많이 쓰일 것이다. 그런 제품이 세계시장에서 어떻게 평가될 것인가는 불을 보듯이 뻔 한 일이다.

세계 어느 나라든지 자기 나라 시장에서는 그 나라 제품이 많이 소비되기 마련이다. 그러므로 소비자의 선택이 합리적일수록 그 나라의 기업은 그러한 수요에 맞추어 경쟁력 있는 제품을 만들어내려 할 것이다. 선진국의 제품들이 품질이나 가격에서 경쟁력을 유지하는 것은 국민들이 그러한 제품을 선호하여 소비하기 때문이다. 선진국 시장에 수입되는 제품들도 한결같이 이러한 것들이다. 자연히 소비자들은 값싸고 질 좋은 제품을 소비할 수 있으므로, 그만큼 소비를 통해서 얻어지는 행복과 만족감도 커질 수밖에 없는 일이다.

IMF 한파가 밀어닥치면서 우리 국민들은 자연발생적으로 소비

절약에 나서고 있다. 소득이 줄어들고, 실업의 위협이 눈앞의 현실로 다가오는 상황에서 소비 절약은 매우 자연스러운 일이다. 그러나 맹목적인 소비가 나쁜 것이듯 맹목적인 소비 절약도 바람직하지 못하다. 무조건 소비를 줄인다든지 무조건 국산품만 애용해야 한다든지 하는 것은 합리적이라 할 수 없다. 얼마 전까지만 해도 우리가 과소비에 무감각했던 것이나, 외제품이면 무조건 좋다고 혈안이 되었던 것 모두가 비합리적인 소비 행위였던 것과 마찬가지의 논리다.

이제는 국산품이든지 외제품이든지 어느 것이 값싸고 질 좋은 제품인지를 꼼꼼히 따져서 소비하는 생활 습관이 절실하다. 그러면 기업도 그러한 제품을 만들어내려고 노력할 것이다. 그러한 기업은 국내 시장뿐 아니라 세계시장에서도 경쟁력을 유지할 수 있을 것이고, 소비자 입장에서도 만족도가 한결 높아질 것이다. 이렇게 보면 합리적인 소비생활이야말로 기업과 소비자 모두를 살리는 길이라는 것을 알 수 있다. IMF 한파를 이겨내는 방법은 멀리에만 있는 것이 아니다. 우리의 일상 소비생활에도 그 길이 있다.

(1999년)

인문학의 성찰이 없는 경제학은 허망하다

＊
＊

부동산실명제가
성공해야 하는 이유

대체로 개혁 정책에 대한 여론의 향방을 보면, 처음에는 대다수로부터 총론적인 찬성을 얻어내곤 하다가도 막상 입법화하여 시행하고자 하면 반대 의견이 속출하게 되고 결국은 당초의 정책 의지가 퇴색해버리는 경우가 종종 있다. 부동산실명제의 경우도 예외가 아닌 것 같다. 처음에는 너나 할 것 없이 그 원칙과 당위성에 대해 환영의 뜻을 나타냈으나, 시간이 지나면서는 이러저러한 이유로 반대 여론이 만만치 않게 대두되고 있다.

민주주의 국가에서는 물론 각계각층의 의견이 자유롭게 표현될 수 있어야 한다. 정책의 결정 과정에서도 여론들이 충분히 반영되어야 정책 효과를 극대화시킬 수가 있다. 그렇다고 해서 여론만이 만사의 척도가 될 수는 없는 일이다. 여론이 경제나 사회의 발전 방향을 제대로 잡아주지 못하고 시류(時流)에 휩쓸린다거나, 올바른 가치판단과 균형 감각을 갖추지 못한 채 정책 결정에 대한 영향력으로 인해 왜곡될 수도 있기 때문이다. 특히 개혁 정책과 관련된 여론일수록 그러할 소지가 다분하다.

과거의 관행에 안주하여 이익을 본 기득권 계층, 과거의 거래 행위에 익숙해진 경제주체들, 익명으로 재산을 보유할 필요가 있는 사람들이 이러한 여론을 주도할 수도 있다.

부동산실명제는 금융실명제와 더불어 우리 경제를 선진 경제로 이끌어 갈 두 축으로 발전되어야 한다. 금융실명제가 상대적으로 경제 정의의 측면에서 강조되고 있는 데 반해, 부동산실명제는 실물경제의 경쟁력 강화와 밀접한 관련이 있다는 점을 특히 주목할 필요가 있다.

그동안 부동산 시장의 안정을 위한 각종 정책에도 아랑곳하지 않고 부동산 투기와 가격 상승을 부추긴 것이 바로 이 명의신탁(名義信託) 제도로부터 비롯된 부동산의 가수요 현상이다. 그런데 토지를

인문학의 성찰이 없는 경제학은 허망하다

비롯한 부동산은 이동성(mobility)이 없고, 대체재(代替財)도 없으며, 해외로부터의 수입이 불가능하기 때문에 시장의 가수요에 민감한 영향을 받는다. 당연히 기업이 싼 값의 공업용지(工業用地)를 확보하는 데에 차질을 빚을 수밖에 없고, 도로나 항만 같은 사회간접시설의 확충에도 어려움을 가중시킨다.

부동산 시장의 불안한 움직임은 다른 요소 시장에도 영향을 미친다. 부동산 가격의 상승이 임금상승 압력을 높이고, 노사분규를 부추기는 간접 요인을 제공한다. 부동산 가격의 상승은 또한 부동산 거래를 위한 통화 수요를 증가시킴으로써 금리상승의 요인으로 작용하기도 하고, 금융시장을 위축시켜 기업의 자금 조달에 어려움을 가져다 줄 수도 있다.

이렇게 보면 우리 경제의 국제경쟁력을 좌우하는 생산요소 비용의 결정이 부동산 시장의 안정 여부와 상당히 밀접한 관련이 있음을 알 수 있다. 기업의 설비투자도 부동산 시장이 불안정해지면 생산적인 투자보다는 투기성 투자를 더 좋게 될 것이다. 결국 부동산 투기가 국제경쟁력을 약화시키는 주범 역할을 하고 있는 셈이다. 부동산실명제가 반드시 성공해야만 하는 이유가 바로 여기에 있다.

(1995년)

영화 산업을
다시 생각해 본다

전주국제영화제가 한창이다. 예년에 비해 내용이 풍부하고, 일반의 관심도 높아져 다행이다. 전주국제영화제가 이제 자리를 잡아가는 느낌이다. 이번 영화제에서는 상업적인 특성보다 문화예술적인 다양한 시도가 이루어지고 있다는 데에 더 큰 의미가 있다. 이번 기회에 우리 영화 산업을 다시 생각해 보는 계기가 된다면 더더욱 다행한 일이다.

일반인들이 영화 산업에 대해 생각할 때에는 스크린쿼터 제도를 먼저 떠올리곤 한다. 세간의 관심이 여기에 집중되는 이유는 영화가 어떤 다른 문화 매체보다 인간의 감성을 강렬하게 자극하는 데다, 대량 유통되는 문화상품이기 때문이다. 논쟁의 핵심은 영화 산업이 일반 산업과 달리 국민적 정체성에 심각한 영향을 미칠 뿐 아니라, 영화시장의 개방은 자칫 국내 영화 산업의 몰락을 초래하므로 외국 영화의 자유로운 수입이 허용되어서는 안 된다는 '문화산업 보호론'에 뿌리를 두고 있다.

개방을 반대하는 측은 문화의 다양성을 보존한다는 명분을 내세우곤 한다. 스크린쿼터를 제대로 지키지 못하면 시장을 할리우드 영화에 잠식당하고 말 것이고, 영화 산업의 기반을 상실할 수밖에 없다는 논리다. 그러나 반대편에서는 스크린쿼터가 문화 자체를 보호하는 것도, 문화의 다양성을 보존하는 것도 아니라고 주장한다.

사실 우리 영화계는 1990년대까지도 오랜 침체의 늪에서 벗어나지 못하였다. 그 과정에는 비극적인 현대사의 곡절(曲折)이 영화 산업의 발전을 억압했다는 영화인들의 피해 의식도 작용했다. 그리고 이러한 피해 의식과 열악한 영화제작 환경이 오랫동안 보호주의의 빌미로 작용하였다. 1966년 이래 스크린쿼터 제도를 유지하고 있는 이유이기도 하다.

그러나 최근 사정이 많이 달라졌다. 무엇보다도 우리 영화에 대한 관심과 평가가 몰라보게 높아진 것이다. 우리 영화의 시장점유율이 2001년 이래 50% 이상을 꾸준히 유지하고 있다는 사실은 의미가 있다. 영화 산업의 시장 규모가 커지고 있는 점도 고무적이다. 영화 제작 편수가 늘고, 평균 제작비도 늘어나고 있다. 시장 확대로 유통 및 배급조직이 활성화되고, 자금 조달이나 시장 규모 등 영화 산업의 발전을 제약해 오던 요인 가운데 상당 부분이 해소되고 있다. 영화 산업도 소위 '규모의 경제'가 작용하여 안정적으로 발전할 수 있는 토대가 마련되고 있다는 점을 확인할 수 있는 대목이다. 이익이 나는 영화가 아직은 한정되어 있다는 어두운 측면이 없는 것은 아니지만, 적어도 발전의 가능성만은 열려있다는 것을 부정할 수 없다.

스크린쿼터는 다분히 공급자 위주의 접근이다. 문화의 다양성이나 정 체성을 명분으로 스크린쿼터 제도를 유지하면 문화가치를 지닌 상품의 공급을 제한하는 결과를 낳는다. 소비자 선택의 폭이 그만큼 제한될 수밖에 없다.

지금은 영화의 소재 선택에 있어 제약이 거의 없는 시대다. 그만큼 영화 상품의 다양성이 확대되는 효과를 충분히 누릴 수 있다는

인문학의 성찰이 없는 경제학은 허망하다

의미이다. 역설적이지만 우리의 어두운 현대사, 직접 경험을 했건 안했건 우리가 무의식적으로 갖고 있는 '과거'를 정면으로 다루고 있다는 점이 최근 관객들에게 크게 어필하고 있다. 할리우드 영화로는 채워지지 않는, 우리 관객들의 독특한 감성에 호소하는 소재들이 풍부하다는 사실이 얼마나 다행스러운 일인가. 이러한 영화들은 국내뿐 아니라 해외에서도 얼마든지 어필할 수 있다. 이제는 우리의 시야를 단순히 방어적인 시장 보호가 아니라 적극적인 개방과 해외 진출로 바꾸는 발상의 전환이 필요한 시점이다.

물론 시장이 할리우드 영화 일색으로 급격히 잠식되는 것은 바람직하지 않다. 그렇다고 국산영화 일색이어야 한다는 생각도 위험하다. 국산 영화인지 외국 영화인지를 따지기 전에, 양질의 영화가 소비자인 영화팬들에게 얼마나 많이 공급될 수 있는가를 고민하는 게 더 시급한 일이다. 전주국제영화제가 시도하는 다양한 몸짓들이 더욱 의미 있게 다가오는 이유가 바로 여기에 있는지도 모른다.

(2007년)

온실가스 배출권 거래제가
성공하려면

그동안 온실가스 배출권 거래제의 도입을 둘러싸고 논의가 분분하였다. 정부와 산업계는 물론이고, 정부부처 내에서도 의견이 엇갈린 이슈가 한두 가지가 아니었다. 목표관리제와의 이중 규제 논란, 산업계의 경쟁력 약화론, 시기상조론 등등 백가쟁명의 논의가 있었다.

이런 가운데 최근 정부가 산업계 의견을 수렴하고 정부부처 내에서도 어느 정도 이견을 해소함으로써 가닥을 잡아가고 있다. 조만간 법률안이 확정되어 국회에 제출되면 입법화를 위한 심의가 이루어질 전망이다. 따라서 이 시점에서는 담론 차원보다 앞으로 배출권 거래제가 제대로 작동하기 위해서는 어떠한 내용이 잘 준비되어야 하는지에 논의의 초점을 모으는 게 현명해 보인다.

정부는 배출권 거래제를 도입하면서 목표관리제에 비해 시장친화적이라는 점을 강조하곤 하였다. 그러나 거래 기능이라는 시장 메커니즘에도 불구하고, 배출권 거래제는 때로 정부의 역할과 기능이 결정적으로 작용한다는 점을 유념해 볼 필요가 있다.

무엇보다 시장을 조성하는 시행 초기에 정부가 각 기업이나 사업장별로 배출 허용량, 즉 배출권을 얼마만큼씩 할당할 것인가의 문제가 초미의 관심사다. 사실 이 문제가 배출권 거래제의 성공적인 출범을 판가름하는 관건이라고 하여도 과언이 아니다. 정부가 과연 과학적 방식과 객관적 기준으로 배출권을 할당할 준비를 갖추었느냐 하는 데에 관심이 모아지는 것은 바로 이 때문이다. 그동안 온실가스 배출량 인벤토리의 구축 등 배출권 할당을 위한 인프라가 충분히 갖추어져 있는지의 여부로 논란이 일었던 것도 이러한 문제와 직결된다.

배출권 할당을 유상으로 할 것이냐 무상으로 할 것이냐 하는 것도 중요한 과제다. 구체적으로 유상 할당과 무상 할당의 비율을 어느 단계에서 어느 정도의 조합으로 이루어갈 것인가의 문제다.

만약 초기에 무상으로 할당된 배출권이 과다하게 책정되면 해당 기업으로서는 횡재(windfall profit)가 될 것이다. 그러한 상황에서는 온실가스 배출에 따른 사회적 비용을 시장가격으로 전환하는 데에 실패할 수도 있다. EU의 경우에도 시행 초기에 이러한 상황이 발생 하여 우여곡절을 겪은 경험이 있다. 게다가 자칫 특혜 시비라도 일면 배출권 거래제에 대한 사회적 합의는 급속히 약화되고, 비판적 여론이 비등할 수 있을 것이다. 이러한 이유를 들어 일부에서는 배출권 할당을 엄격한 기준에 맞출 필요가 있다고 주장하기도 한다. 차제에 온실가스 배출에 따른 한계비용을 높여나갈 필요가 있다는 점을 강조하는 의견이다.

어쨌든 정부가 시장을 조성하면서 결정적인 역할을 수행해야 하는 게 바로 이 단계이다. 정부의 역할이 제대로 이루어지지 못하면 시장은 제대로 작동하기 어렵다는 논리가 성립된다. 정부실패가 시장실패로 직결된다는 의미다.

법안이 국회를 통과하고 시행령 등 하위 법규의 제정을 통해 구체

인문학의 성찰이 없는 경제학은 허망하다

화되는 단계에서는 좀 더 정교한 미시적 분석에 입각해서 대비해 나갈 필요가 있다. 배출권 거래제는 현재 EU와 뉴질랜드 등에서 채택하고 있다고는 하나, 우리와 산업 구조가 달라 벤치마킹의 대상이 되기 어렵다. 우리나라의 경우 전력 산업은 물론이고, 철강, 석유화학, 금속 등 다수의 소재 산업들이 배출권 거래제의 영향을 크게 받게 될 전망이다. 뿐만 아니라, 이들 산업은 소재 산업의 특성상 전방효과를 통하여 다른 주력 산업의 경쟁력에도 결정적인 영향을 미칠 수 있는 것이다.

설비의 생산량과 온실가스 배출량이 비례하는 산업의 경우 우량기업이 증산에 따른 배출권 구매 비용의 부담을 지고, 생산량을 감축해야 하는 열위(劣位) 기업은 배출량 감소에 따라 수혜를 받는 경우가 생길 수 있다. 열위 기업에 대한 이 같은 보조금 효과는 퇴출지연이라는 결과로 이어질 것이다. 따라서 이러한 사태를 피하려면 산업의 특성별로 제도를 유연하게 적용하는 방안을 강구해 나가는 것이 바람직하다.

배출권 거래제가 시행되는 초기에는 시장보다 정부의 역할이 더 중요하다. 정부의 성공적인 역할 수행은 배출권 거래제의 정착을 위한 필요조건이다. 그런 만큼 제도가 구체화되는 단계에서는 정부가 유연성을 가지고 미세조정(fine-tuning)하는 데에 많은 노력을 기울일 필요가 있다.

(2011년)

제약업계 리베이트 규율이
가지는 의미

21세기의 첫 십 년을 마무리하는 지난해 말, 우리 사회는 작지만 의미 있는 개혁 과제 하나를 수행하였다. 다름 아닌 제약 및 의료기기 업계의 리베이트를 규율하는 제도적 틀을 마련한 것이다. 부조리함을 알면서도 떨쳐내지 못하던 어두운 거래의 오랜 관행을 털어내려는 노력의 결과라고 평가하고 싶다.

사실 국내 제약 산업은 그동안 비정상적인 영업으로 과열되어 있었다. 그리고 그 과정에 리베이트라는 나쁜 관행이 자리 잡고 있다. 매출에서 차지하는 판매 관리비를 비교해 보면, 제약업종은 일반

제조업에 비해 무려 3배가 넘는다. 리베이트 규모가 의약품 총매출액의 20%에 달할 것이라는 통계도 있다. 반면에 국내 제약업계가 신약 개발을 위해 투자하는 R&D는 매우 저조한 편이다. 건강보험에 등재된 의약품의 70% 이상은 제네릭이라고 불리는 복제약일 뿐이다. 리베이트 관행을 뿌리 뽑지 않고서는 산업과 시장이 건전하게 발전할 가능성이 도무지 보이질 않는다. 의약품 시장에서 리베이트에 의한 거래가 관행화된 데에는 음성적인 이윤을 추구하고자 했던 요양기관들에도 책임이 있다. 이는 이번에 새로운 제도를 마련하면서 쌍벌죄를 도입하게 된 이유이기도 하다.

리베이트를 규율할 새로운 제도의 내용은 다음과 같이 요약된다.

첫째, 의사와 약사, 의료인, 의료기관 개설자 및 종사자는 제약회사로부터 의약품의 채택이나 처방을 유도하려는 판매 촉진 목적의 경제적 이익을 받아서는 안 된다. 금전이나 물품은 물론, 편익, 노무, 향응 등도 여기에 해당된다.

둘째, 견본품의 제공, 학술대회 지원, 임상시험 지원, 제품 설명회, 대금결제 조건에 따른 비용 할인, 시판 후 조사 등에 대해서는 일정한 범위 내에서만 허용된다. 제약 및 의료기기 산업의 특성상

인문학의 성찰이 없는 경제학은 허망하다

신제품에 대한 정보 습득의 기회를 보장할 필요가 있다는 점을 감안한 조치이다.

셋째, 비록 허용되는 조치라 하더라도 이는 엄격한 조건하에서 세부기준에 맞추어 제한적인 범위 내에서만 가능하도록 되어 있다. 정상적인 상거래 관행을 벗어나지 않아야 하는 것은 물론, 적합한 방식과 합리적인 기준에 부합하여야 한다. 예를 들면, 견본품을 제공하는 경우 샘플 목적에 맞도록 최소 포장 단위로 최소 수량만을 제공할 수 있다. 견본품은 일반용으로 판매할 수가 없다. 학술대회를 지원하는 경우에도 사업자는 학술대회 참가자에게 직접 지원하지 못하도록 규정하였다.

넷째, 경조사비, 명절 선물, 강연료, 자문료 등에 대해서는 규제개혁위원회의 심사 과정에서 별도의 규정을 마련하지 않기로 하였다. 이들 사항은 비단 제약 및 의료계뿐만 아니라, 비즈니스가 일어나는 모든 분야에 해당된다. 이는 비단 특정 사회에서만 규율될 일이 아니다. 관행에 익숙하던 사업자들이 처음에는 다소 혼란을 겪겠지만, 비정상에서 정상으로 돌아가는 과정의 진통이라고 볼 수 있다. 제약 및 의료 분야는 지식집약산업이다. 지식인 집단이 만들어가는 사회의 모습이 곧 우리가 만들어갈 최상의 모습이다. 경조사비를 얼마까지 허용하는가 하는 기준을 제시한다는 것 자체가 우리 사회의 수준을 한참 끌어내리는 수치스러운 일이다.

새로운 제도가 정착되면 의약품 및 의료기기 분야에서도 투명한 유통시장이 형성될 것으로 기대된다. 제약회사들이 리베이트가 아닌 신약 개발을 통해 경쟁력을 확보하면 그만큼 산업의 발전에도 도움이 될 것이다.

오랜 관행을 떨쳐버리고 새로운 제도를 정착시키는 일은 결코 쉬운 일이 아니다. 정부 당국과 규제개혁위원회가 리베이트 관련 법규의 심사에 숙고에 숙고를 거듭한 이유가 바로 여기에 있다. 미국, 유럽, 일본 등 외국의 법 제도와 관련 규정들도 충분히 참조하여 의약품 및 의료기기 시장에 선진적인 제도를 정착시키고자 하였다.

이번에 마련된 리베이트 규율 법규는 3년 뒤에 다시 검토하도록 되어 있다. 그때 가서 새로운 제도의 정착 여부, 규제의 실효성 등을 세밀하게 따져볼 것이다. 한 가지 분명한 사실은 우리 사회가 선진화되려면 과거와 같은 리베이트 관행은 반드시 척결되어야 한다는 점이다.

(2011년)

인문학의 성찰이 없는 경제학은 허망하다

M&A로 요동치는 세계
휴대폰 시장

2013년 9월 마이크로소프트(MS)와 노키아가 합병을 선언한 이래 세계 휴대폰 시장이 요동을 치고 있다. 단순한 기업합병이 아니라 시장의 생태계를 변화시킬 만큼 경쟁 판도가 크게 바뀔 전망이다. 특히 휴대폰 시장뿐 아니라 이와 직접 연관이 되는 특허를 둘러싼 시장 판도의 변화가 주목된다. 따라서 합병을 둘러싸고 전개되는 전후의 맥락에서 그 파급 영향을 잘 살펴볼 필요가 있다.

현상적으로만 보면 합병으로 인해 별로 잃을 것이 없는 미국과 EU는 마치 짜고 치는 고스톱마냥 반기고 있다. 미국과 EU의 경쟁당국은 이미 조건 없이 두 회사의 M&A를 승인하였다. 휴대폰 시장에서 기력이 쇠잔한 노키아도 살리고, 호시탐탐 기회를 노리던 MS에 수직계열화의 모멘텀을 제공한다는 기대가 반영된 것이리라. 경쟁정책이라기보다는 산업정책적 판단에 더 가까운 논리다.

문제는 M&A가 이루어진다고 해서 양도자인 노키아가 휴대폰 시장에서 철수하는 것이 아니라는 데에 있다. 애물단지인 휴대폰 사업부만 양도하고, 이동통신 관련 특허는 그대로 보유한 채 '특허괴물'이라고 불리는 특허관리전문회사(NPE)로 재탄생할 가능성이 커진 것이다. 노키아가 휴대폰 사업자일 당시 보유하고 있던 특허를 경쟁사업자와 교차 사용하던 때하고는 상황이 백팔십도 다른 처지로, 앞으로 노키아가 보유하는 특허에 대한 사용료는 부르는 게 값이 될 전망이다. 시장에서는 특허료가 두 자릿수 증가율로 높아질 것이라는 소문이 나돌고 있다. 벌써부터 특허권 남용에 대한 우려가 높아지고 있는 것이다.

양수자인 MS도 비즈니스 영역만 넓어진 것이 아니다. 한 손에는 모바일 단말기를 들고 다른 한 손에는 단말기 제조에 필수적인 소프트웨어와 애플리케이션 특허를 들고 협상력을 키운 것이다. PC나 휴대폰용 소프트웨어 개발자임을 자임하던 MS와 직접 휴대폰을 제

인문학의 성찰이 없는 경제학은 허망하다

조하는 사업자로 변신한 MS는 입장이 전혀 다르다. PC 시장에서 누리던 독점적 영향력보다 더 큰 영향력을 MS가 휴대폰 시장에서도 누리려 할 것이다.

MS와 노키아 두 회사가 합병하면 유럽에는 휴대폰 사업자가 없고, 북미 지역을 제외하면 MS의 경쟁사업자는 한국, 중국 등 아시아 지역에만 존재하게 된다. M&A가 성사된 이후의 MS는 자기 회사가 보유하는 특허를 단순한 거래 상대가 아니라 경쟁 상대에 제공하는 만큼, 견제하는 차원에서 이전보다 더 많은 특허료를 요구하거나 차별적인 대우를 하겠다고 나올지도 모른다. 그렇지 않아도 안드로이드 OS의 과도한 특허료 논란이 그치지 않고 있는 상태에서 노키아와의 전략적 합병은 기름을 끼얹는 격이다.

앞으로 휴대폰 시장에서의 합병이 특허 싸움으로 번질 개연성은 얼마든지 있다. 그렇게 되면 휴대폰의 생산비용은 늘어나고 이는 곧 소비자 가격에 반영될 것이다. 소비자 입장에서는 두 기업의 합병에 따른 새로운 시장 질서가 미칠 직접 효과보다 합병의 부수 효과인 특허싸움으로 파급되는 영향이 더 클 수 있다. 그러한 우려가 기우에 그치지 않고 시장에서 현실화되면 소비자들은 단말기 사용에 따른 특허사용 대가를 더 많이 지불해야 한다. 그만큼 소비자 후

생이 감소할 수밖에 없다. 경쟁당국으로서도 이를 마냥 도외시할
수만은 없을 것이다.

　기업 간 M&A가 단지 시장 구조뿐 아니라 생태계 자체에 영향을
미친다면 예사롭지 않은 일이다. 그러므로 합병으로 인한 시장 상
황의 변화를 전과 후의 맥락에서 동태적으로 심의해야 마땅하다.
합병이라는 변수의 여파가 다른 데로 미치고 이것이 경쟁 제한과 소
비자후생 감소로 연결될 가능성이 크다면 이에 대한 검토가 이루어
지는 것은 당연한 일이다. 우리나라나 중국의 경쟁당국이 MS와 노
키아의 합병안에 대해 아주 치밀하게 심사를 해야 하는 이유가 바로
여기에 있다.

(2014년)

카르텔에 대한
새로운 경각심

　지난해 우리 기업들이 EU 경쟁당국으로부터 부과 받은 과징금의 규모가 4억 유로를 훨씬 넘어선다. 달러로 환산하면 4억 6천만 달러가 넘는 액수이다. 이만큼의 외화를 벌어들이려면 2만 달러짜리 승용차 2만 3천 대를 수출해야 한다. 게다가 이만큼을 순이익으로 가져오려면 거의 50만 대를 수출해야만 가능하다.

　비단 유럽에서 뿐만이 아니다. 미국에서 국제카르텔로 제재 받은 상위 10대 기업 가운데 한국 기업이 무려 4개를 차지하고 있다. 글로벌 금융위기 와중에 한 푼의 달러가 아쉬웠던 2009년만 해도 국내 굴지의 한 기업은 미국에서 4억 달러의 벌금을 부과 받은 적이 있다. 피눈물이 나는 일이다. 지금까지 국제카르텔로 인해 외국에서 부과 받은 벌금이나 과징금의 액수는 무려 2조 3천억 원이 넘는다. 수출을 많이 한다고 좋아할 게 아니라, 어이없이 뒤로 새나가는 외화를 지켜야 할 판이다.

어쩌다 이 지경에 이르렀는가. 아무래도 우리 기업의 영업 관행이나 기업 문화에 문제가 있다는 점을 먼저 지적하지 않을 수 없다. 각종 회합과 사업자단체 활동, 경조사 모임, 개인적 인맥 등과 연결된 동양적 기업 문화와 영업 관행에 익숙해져 있는 우리 기업들은 담합에 취약할 수밖에 없다.

우리 주위를 살펴보면 시장 곳곳에서 담합이 성행하고 있다. 최근 몇 년 사이에 국내에서 카르텔로 적발된 경우들을 열거해 보면 이러한 사실을 직접 확인할 수 있다. 학생복을 비롯하여 학원비, 유치원 수업료, 태권도장, 예식장, 중국 음식점, 건설업계, 세제, 밀가루, 설탕, 치약, 생수, 소주, 커피, 아이스크림, 화장지, 시멘트, 아스콘, 정유, 이동통신, 은행, 보험, 신용카드, 오리털 파카, 부동산 중개업, 항공 운임, 백화점, 편의점, 김치 군납 업체, 선물세트, 엘리베이터, 운전학원, 타이어, 렌터카, 배터리, 심지어 메

추리알에 이르기까지 담합은 우리 사회에 만연해 있다. 가히 담합 공화국이라는 오명이 무색하지 않다.

안에서 새는 바가지가 밖에서는 아니 샐까. 국내 유수 기업의 상당수가 국제카르텔로 단속되거나 현재 조사 중이라 한다. 이미 반도체, LCD 패널, TV 브라운관, 항공 운임, 라이신, 핵산조미료 등의 업종에서 제재를 받은 바 있다. 해외의 경쟁사업자들이나 경쟁당국이 우리 기업의 관행을 일찍부터 눈여겨보고 있음이 분명하다. 우리 기업들의 글로벌 위상이 높아질수록 견제가 집중되면서 카르텔 관행은 좋은 빌미가 되고 있는 것이다.

그동안 우리 사회가 담합에 대해서 지나치게 관대하고 너그러웠다는 점도 탓하지 않을 수 없다. 경쟁보다는 협동과 협조를 더 중시하는 사회문화적 풍토 하에서는 담합 행위에 대한 죄의식이 약할 수밖에 없다. 우리 사회는 담합 행위를 비즈니스 과정에서 있을 수 있는 작은 실수 정도로 인식하는 경향이 있다. 그러다 보니 눈앞에 이익이 생길 양이면 쉽게 담합의 유혹에 빠지곤 한다. 그러나 미국이나 유럽에서는 일찍부터 카르텔의 사회적 폐해가 크다는 점을 인식하고, 이를 중대한 범죄 행위로 간주한다.

이제부터 카르텔에 대한 경각심을 높여야 한다. 세계 각국이 경쟁적으로 단속하고 있기 때문이다. 카르텔이 자국 시장에 영향을 미친다고 판단되면 독점금지법을 비롯한 경쟁법을 자국의 주권이 미치지 않는 영토 밖에, 즉 역외에 적용하는 게 국제적인 관례이다.

국제카르텔로 단속되면 그 대가가 만만치 않다. 한번 걸리면 과징금이나 벌금의 액수가 천문학적이다. 전 세계 연간 매출액의 10%까지 과징금을 부과하는 나라도 있다. 소비자나 피해자들에게 3배의 손해를 배상을 해 주어야 하는 경우도 있다. 이에 따른 소송대응 비용만 해도 어마어마하다. 카르텔 공모에 관여한 당사자, 즉 개인은 형사처분을 받기도 한다. 한 나라에서 걸리면 다른 나라에서도 해당 기업을 주시하기 마련이다. 그만큼 비즈니스에 따른 법률적 리스크가 높아질 수밖에 없다. 기업의 이미지 추락은 또 다른 문제다.

국내외적으로 담합 규제가 한층 강화되고 있는 마당에 마냥 관행과 문화만을 탓할 수는 없는 노릇이다. 사회도 담합 행위에 대해 더 이상 관대해서는 안 된다. 적어도 담합에 관한 한 이제는 좀 더 보수적이고 엄격한 입장에서 규율할 필요가 있다.

(2011년)

인문학의 성찰이 없는 경제학은 허망하다

부록 시(詩)를
써 보다

새벽 기다리는 마음

새벽을 기다리던 사람이 늦잠을 잤다
빛바랜 오후
기다리다 지친 때문일까
빛은 활짝 피어 어둠을 예비하고
새벽 찬 바람은 간데없이
찌든 오후의 하루가
지루한 기다림 속에 스러져 간다
불현듯 던져진 빈 눈동자
먼지가 수북이 쌓인 서가엔
엊저녁 늦도록 읽다 만
낡은 철학책 한 권
빛처럼 바래버린 무게 속에
새로운 哲人의 도래를
새벽 기다리던 마음으로
기다린다

인문학의 성찰이 없는 경제학은 허망하다

無念無想

꽤 오래된 고분이 하얗게 변했다
흰 눈 쌓인 모습이 소담스럽다
무덤의 주인도 계절을 느낄까
세월의 무상함은 속세에서 견디었을 터
자연으로 돌아가 둥그렇게 안식하거늘
누가 있어 새삼 계절과 세월을 논하는가
그 시절의 사연은 벌써 구름이 되었건만
바람도 쉬지 않는 고분 능선에
흩어지지 않은 인심만 맴돌고 있구나

나의 詩 나의 노래

詩를 한편 쓰고 싶다
가쁜 숨을 내쉬며
죽음 앞에 다가섰을 때
나를 기억하는
그런 짧은 詩를

슬픈 내 영혼의 모습이
처음 잠긴 그대로
폐 깊숙한 곳에서
접힌 날개 펴고
새털처럼 날아
훨훨 흩어질 때,
나는
詩人이 되어
육신의 힘을 다해
내가 살던 고향을 노래하리라

인문학의 성찰이 없는 경제학은 허망하다

나를 기억하는

이 짧은 詩 한 편으로

슬픈 계절의 노래

한 계절이 스러져 간다
대지를 녹이려 든 용광로인 양
장대비 뚫고 솟던 뜨거움이
엘가의 행진곡보다도 더
위풍당당하던 그 계절이 떠날 때면
어쩐지 슬퍼진다

한 시절을 시달리고 부대끼다
피서라도 할 양 도망쳐 나와
백병전이라도 치러볼 듯이
웃통을 활짝 열어젖힌 채 대들다가
두 손 들고 항복할 때면
미운 정 고운 정 슬며시 다가와
벗 삼아 동무 삼아 함께 살 만하다고
오랜 친구마냥 어깨동무하고 싶을 때
이내 떠나버리는 여름은
기울어지는 하현달처럼 쓸쓸하다

인문학의 성찰이 없는 경제학은 허망하다

가을 깊어 겨울 내리고
언 땅 위에 싹이 트는 섭리처럼
농익은 봄바람이 신록을 불러
풀벌레조차 기세 우렁차던
그 계절이
한 줄기 실바람에 꺾이고 말면
한여름 밤의 꿈도 벌써 저만치 스러져 간다

고향 사람들

I

한 무리의 사람들이 몰려온다

어둠의 행진

샛강너머로 들려오는 새벽의 구호

거침없이 다가오는 혁명부대의 발자욱 소리

봉화의 불빛 높이 쳐들은 채

서투르지만 하나였던 행렬의 함성들

아직은 반란군도 저항군도 구별이 없는

그들은 같이 걸으면서 만난 동지들

II

행렬이 마침내 무너진다

운동을 하러 나섰던 사람들은 언제나

패자(敗者)가 되어 돌아오곤 하였다

그들보다 더 빨리 나서서

더 멀리

더 높이

인문학의 성찰이 없는 경제학은 허망하다

달음질하던 사람들에게
내몰리어 쫓기어오곤 하였다
체전(體典)의 구호가 혁명의 이념을 압도하던 시대

III
그들은 고향 사람들이기도 하였다
바다를 고향으로 하는 사람들
용궁의 신비 안에 모셔다 놓은 성황당
사람은 땅을 밟고 살아야 한다면서도
이내 바다를 딛고 산 지도 오래된 일
비좁은 조각배 안에 천국과 지옥이 함께 모여 산다
언제나 두려움 속에 맞이하는 폭풍의 함성들
하늘과 바다가 어우러져 어둠 속에 하나 되면
고향은 山바다 되어 혁명의 이념을 넘어선다

치매 예찬

나 홀로 여행을 떠난다
길고 긴 여정의 첫걸음

天眞한 세계로
또 다른 미지의 세계로
아무도 모를 나만의 우주로 길을 찾아 나선다

굴레를 벗어던진 황홀한 발걸음
어릴 적 동무와 놀던 기억은 영롱하지만
엊그제 약조는 망각의 늪에서 하얗다

날마다 하나씩 버리고 가는 길
태초의 카오스와 다시 緣을 맺고
목숨 줄보다 질긴 세속의 인연은 버리고 간다

변방으로 내몰린 삶
희미해진 기억의 보따리를 끌어안은 채

인문학의 성찰이 없는 경제학은 허망하다

영혼은 자유의 날개를 달고 날아오른다

어린아일 적보다 더 천진난만한 세계로 돌아가는 길
나는 치매 예찬하며 始原을 찾아 나선다
귀거래사(歸去來辭)를 노래하면서

눈 덮인 山河

太古의 신비 그대로
하늘과 땅과 강이
하나 되어
무채색의 사랑을 나눈다
가난한 이들의 빈 가슴처럼
그믐밤 찬 빛 아래서도
포근한
눈 덮인 山河를 바라보면
문득 다가오는 하얀 깨달음.

죄는
씻기보다
덮어두는 것이
이처럼 아름다운 것을.

아버지

아버지 무덤에 꽃 화분을 바칩니다
가지마다 화사하게 핀 철쭉 한 그루입니다
분재(盆栽)를 좋아하신 아버지께
생전에 못 다 해드린 것이 생각납니다
산소를 내려오며 걱정이 하나 생겼습니다
화분에 심은 나무가 말라죽지 않을까
맑은 하늘에 비 내리기를 기원해 봅니다
겨우 꽃 화분 하나로 부질없는 걱정을 합니다
하늘만 보고 기다릴 뿐,
내가 하는 일은 하나도 없습니다
나는 단지 나무 걱정만 할 따름입니다.

생전의 아버지 모습이 구름 위에 둥실 떠오릅니다

사진사, 아내

예쁜 아내 모습을 앵글에 담고 싶었지만,
그녀는 손사래를 칩니다
사진기 앞에 서면 유난히 수줍고 낯설어합니다
그러던 아내가 사진사가 되었습니다
묵직한 사진기 하나 들고 여기저기 돌아다닙니다
내가 물었죠,
당신이 꺼리던 걸 일삼아 찾아다니는 까닭이 무어냐고요
어느 날 아내가 사진 한 장을 내밉니다
흰 목련 한 송이가 아내의 자태로 담겨 있습니다
내가 남기려던 그 모습을 자신이 직접 찍었습니다
아내는 내면을 찍는 사진사입니다

인문학의 성찰이 없는 경제학은 허망하다